大展好書　好書大展
品嘗好書　冠群可期

大展好書　好書大展
品嘗好書　冠群可期

徐震文叢：1

徐震佚文集

徐震 著

大展出版社有限公司

目 錄

第二部分 書信

徐震

簡介

徐震（一八九八年一月—一九六七年十月），字哲東，常州人。生於商人家庭。五歲入私塾，十四歲進冠英高等小學，次年去上海讀中學。十九歲進東吳大學，一學期後，因病離校。後隨族叔徐寅生舉人在家習經史、文字、聲韻、辭章。繼投蘇州工業專門學校擅長古文的劉巽權，攻古文、詩詞等，以古文見長。其撰《項孝女墓誌銘》和《胡義士誄》，曾得南京圖書館館長柳詒徵和國學大師章太炎賞識，為章的入室弟子。

一九二六年冬，在上海滬江大學執教期間，由楊杏佛介紹入國民黨（國共合作期間）。一九二七年春，常州公安局長楊錫類遭當局通緝，避至武漢。六月，江蘇省民政廳委其任武進縣公安局長，到任不久，與新任縣長顧樹森取消了通緝令。對共產黨員、共青團員、進步分子不加迫害，使地下黨的幹部得到合法的掩護。同年十二月交卸。

一九二八年八月至南京中央大學中文系任講師。次年春，江蘇省黨部張淵揚在武進審定「黨籍」、「重發黨證」，時其悉心教學，趁此脫離國民黨。五年後，因友人邀請，往任武漢警備司令部少將參議。

一九三七年初，去職回常。三月，因炮兵技術研究處處長莊權邀請，任總務組主任。抗戰開始，隨炮技處遷到長沙、株洲。一九三八年初到中央陸軍軍官學校任教，隨該校遷到銅梁、成都。一九三九年八月，改任武漢大學中文系教授，時武漢大學遷在四川樂山。

一九四六年秋至一九五二年，先後任中央大學、安徽大學、震旦大學中文系教授。一九四八年夏至一九五二年十月，兼私立常州旅滬中學校長，一九五〇年曾以特邀代表出席常州市二屆二次人民代表會議，一九五二年加入國民黨革命委員會。震旦停辦時，調上海負責震旦撤銷的善後事務。一九五六年四月，調上海市高教局。

一九五七年夏，為支援大西北建設，至蘭州任西北民族學院語文系教授，兼漢語文教研組主任，同時任甘肅省民革委員。

其畢生致力於研究古文、駢文、辭賦、詩詞等，著有《復駕說齋文初編》（四卷）、《雅確文編》、《雅確寓蜀文編》（五卷）、《甲辛駢文》、《雅確詩鈔》、《屈宋韻略》、《屈賦論略》等著作。對《韓柳文》和《春秋三傳》的研究，更為精湛，與章太炎研討《春秋三傳》的書信，達數十封，撰著《春秋三傳述事考信編》、《左傳箋記》、《左傳考論》、《柳宗元評傳》、《柳集詮訂》、《韓集論文》、《韓愈評傳》、《公羊箋記》、《左谷解難》、《谷梁箋記》等。章太炎曾為其《公羊榷

論》寫了《題辭》，文中稱其：「得足下參伍此考，發見隱、匿，真如排雲霧而見青天矣。」其賦有「上攀屈宋，下揖江庾，琢不鑿真，采不湮骨」之譽。

另外，其對古玉器亦頗有研究，能從玉質、土色、琢工、盤工、制度名稱、文字時代及器物的真贗等各方面作考證鑒別。在上海時，古董商人都請其鑒定玉器。著有《語玉》、《玉器研究綜論》、《玉器考釋》、《歷代玉器實物舉例》、《玉器與文化學術的關係》、《殷代殉葬玉器的情況》、《琰圭記》、《漢玉剛卯跋》、《刀劍及刀劍玉飾考》等。同時還涉及歷史、書法等研究。

在二十世紀四十年代，搜集資料，對《清史稿》中列傳補缺糾錯，寫過二百多篇列傳稿。在安大，兼任國史館名譽纂修時，又寫了四十餘篇碑跋稿。其書寫詩文集和抄錄前人詩文，皆為工整小楷。

其還是武術和武術史家。從十四歲起，練地躂、少林拳。一九一九年，從山東來常的馬錦標習彈腿、查拳。次年與趙毅甫、陳研因在本邑發起成立正德國技學社，任社長。一九二三年，到上海參加全國武術運動會，結交了北京體育研究社的周秀峰，向周學太極拳和形意拳，回常後，以太極拳教正德社員。先後又向楊少侯學楊派太極及推手，從杜心五學自然門拳。

一九三一年，又從河北郝月如學武郝式太極三年，得益最多。經由刻苦練習，不但深悟太極拳的理法，且對所學的其他拳術理法，也能觸類旁通。一九三五年起兼任正德國技學社總教。

一九三九年，在成都與一位名震南北，號稱「河北四虎」之一的朱國禎試技。朱身材魁梧，臂粗腰圓，精通武技內外功，以體力論，徐瘦小可被單手即擲。但徐用化勁法，黏沾其左右上下，輕如楊花，沾如蠶絲，問氣探意，按之則下，舉之則仰，彈之不走，拍之即返，摔之則借肩穿胯。約糾纏了一刻鐘，朱竟無法贏得，在場的武術界人士無不驚歎。新中國成

立初，其在上海，某舉重運動員見其瘦小，想以力戲試，相約兩手相握，二足相抵，不料某被拉倒在其身後沙發上，旁觀者皆覺驚奇。

其認為習武為了強身，首先應講武德，與武術界同行試技，從不輕露鋒芒；同時，重視對武術理論研究和武術史考證。學習人體生理學、巴甫洛夫高級神經活動學說和物理力學等科學知識，以探索闡發拳理。從郝月如學拳後，看到了李亦畬手寫本太極拳譜，即否定張三豐創太極拳之說。與陳子明訂交，抄錄了珍藏的《陳家溝舊譜抄本》，這是具有較高價值的太極拳譜，為研究太極拳史起了重要作用。

透過對各種拳法的考證鑒別，對「達摩創《易筋經》」的傳統說法，提出了不同的看法，寫出了《易筋經疏證》，又和唐豪以大量確鑿事實證明，緊那羅王傳授棍法之說，其目的是為了增加少林棍法的神秘色彩，認為少林武術，實乃廣泛吸取民間武術長處而創造。還考出《形意拳要論》不是岳武穆的作品。所以形意拳種是否岳飛創造，也就有了疑問。認為研究武術歷史，尤應剔除迷信荒誕之說。

他寫過許多著作，出版過《國技論略》、《太極拳考信錄》、《太極拳譜理董辨偽》、《萇氏武技書》。手稿有《太極拳史考》、《太極拳新論》、《太極拳叢話》、《太極拳五詠》、《武郝系太極拳述論》、《太極拳譜箋》、《王宗岳〈太極拳論〉闡明的技擊綱領》、《定式太極拳》、《太極劍》、《萇乃周武技述評》、《萇乃周武術學》、《少林史實考》、《〈少林宗法圖說〉考證》、《形意約說》、《形意習錄》、《談八段錦》、《通臂拳講習記》、《意氣功》等。《太極拳發微》和《太極拳源流記》手稿在「文化大革命」中遺失，後竟然在海外出版。

一九五〇年，與徐致一等發起成立上海市武術界聯誼會，任執行委員兼編審委員。一九五三年任上海市民族形式體育表演及競賽大會評判員、華東第一屆運動會民間體育評判員。從一九五六年起，每次全國武術表演

比賽大會，均被國家體委聘為裁判或副總裁判。在蘭州時，任武術協會副主席，歷任甘肅省和蘭州市武術比賽運動會裁判長。

二十世紀六十年代，準備著中國武術史以填補空白，由於「文化大革命」衝擊，未能如願。一九六六年十二月，突患腦溢血而半身不遂，次年十月在常病逝。

徐雲　上

父親徐哲東生平事略

徐雲上

一

父親徐哲東去世已三十多年了，每當我整理、抄錄父親遺稿時，他那瘦小矯健的身影，炯炯有神的雙目，彷彿浮現在眼前，歷歷往事翻騰腦際。回憶我童年時代，我家住在故鄉常州，父親執教於南京中央大學，寒暑假才回家。雖然是休假期間，但父親看書、寫稿、練拳，從無一天停輟。嚴寒滴水成冰，他把硯臺烤在腳爐上磨墨書寫；酷暑揮汗如雨，他赤膊在屋裏看書。

1938年徐哲東先生全家攝於重慶

前排從左到右：次女雲倬，哲東先生，次子英翔，叔父蓉紳，長女雲上
後排從左到右：夫人吳承吉，長子英煊

父親一回來，家中常是客人滿座，他還和客人在院子裏練拳。抗戰時期，我們全家輾轉遷徙於長沙、株洲、武漢、宜昌、重慶、成都、樂山等地。在流離的生活中，父親也未廢輟看書、寫稿、練拳。每次遷移，總要攜帶著十來箱的書籍，而傢俱等物往往棄置不顧。每到一地，總有很多客人來家

中和父親研練武術、談論詩文和縱談時事。

一九五七年夏，蘭州西北民族學院黨委副書記王登玉專程來滬聘請學識豐富的教授，上海高教局介紹父親去支援西北的文教建設，這時父親已屆六十高齡，欣然應聘。接著國家體委也來聘請父親去北京。有親戚勸他：這麼大年齡，何必再去遙遠的西北。那裏生活又艱苦，要考慮能否適應。繼母也不想離開上海，但父親還是做好繼母的思想工作，同去蘭州。到蘭州後便寄給我幾首豪情洋溢的詩。

一九六五年父親給我信中說：他已申請退休，準備退休後為發展武術，增進人民體質更好貢獻力量，並將修改整理積存的文稿。豈料一九六六年剛批准退休，適「文化大革命」開始，父親備受迫害，以致中風癱瘓，次年十月在常州含冤離開了我們。他的宏偉設想也就此付諸東流！

父親新中國成立前曾任中央大學、武漢大學、安徽大學、震旦大學中文系教授，新中國成立後任西北民族學院語文系教授兼漢語文教研組主

一年間連得剛嚴二卯喜賦一絕

雙卯誰兼得
吾今幸獲之
瑑然截肪質
刻劃妙如絲

徐震書

鸞簡樓宋人箋

一九五六年五月六日

任。父親擅長古文，也善於寫駢文、古辭賦，工詩；對經學、史學、諸子都有研究；對春秋三傳和韓柳文研究尤為精深，堪稱陽湖文派之雄傑殿軍。而且他是自學成才的。

父親名震字哲東，生於一八九八年一月。祖父徐觀瀾是經營商業的店主，祖父母為人敦厚。父親五歲就學於私塾，後在武進縣私立冠英高等小學、上海育才公學、民立中學、東吳第二中學等校就讀。祖父期望他上大學深造，他十九歲時進入蘇州東吳大學學習，但到暑假前就因病離校，從此便立志自學。

父親酷愛文史，學習勤奮刻苦而且踏實，他研讀古籍，甚至通宵達旦。陽湖文家自幼必先攻讀《文選》以奠基礎，他熟讀《文選》，能背出半部。族叔公徐寅生曾考中舉人，因病未出任事，父親常向他請教經史、文字、聲韻、辭章之學。在篤志研讀古籍的基礎上，父親開始習作古文。他的習作文章為前輩文人看到，盛加獎譽，就更鼓動了他寫

雙卯匣銘

粵惟漢卯希覯其真尚難得一況兼雙珍
游絲刻險截肪質純賞心可託寓目常新

昔瞿木夫得一剛卯矜為奇珍吳清卿所獲剛卯銘詞無一與晉灼所引相合予今兼得剛嚴二卯其銘詞皆與晉灼所引合此誠平生一快事 先嚴銘特鐫于匣

先嚴銘脫一爰字

徐震哲東

一九五六年五月六日

作的勁頭。繼而師事蘇州工業專門學校國文教師劉巽權（字脊生）。脊生先生是陽湖文家後起之勁者，古文、詩都很擅長。父親在他的具體指引下，得益頗多。

一九二九年，有人請父親寫一篇《項孝女墓誌銘》，由南京圖書館館長柳翼謀書寫，以便刻碑。柳非常讚賞父親的文章，說，其文心之細，筆力遒勁，如從鋼絲眼穿過。並親來訪問父親。

一九三二年父親寫了一篇《胡阿毛傳》，胡阿毛是位汽車司機，「一•二八」淞滬抗戰時，被日本侵略軍抓去迫令運送軍火，胡阿毛便開了汽車衝入黃浦江浪濤之中，與侵略軍用以殘殺我國軍民的武器同歸於盡。文章中讚頌胡阿毛，大意說：戰國時代，為燕太子刺秦王的荊軻，只是忠於專制君主而亡命。胡阿毛是工人，甘願為民族爭光而犧牲，其意義遠非荊軻所能比擬。

章太炎先生看到後，在題上標了三個紅圈，大加贊許，歎為奇才，並

請金松岑先生轉告父親，定要收他為學生，父親就拜太炎先生為師。一些文人學者，也往往由於讚賞父親的文章，因而和他結識。一時在古文學界頗負聲譽。

父親少壯時服膺明末清初的大學者顧炎武和清代的汪中，以為矜式；也深受家鄉先輩經學家孫星衍及陽湖文派開創者張惠言的影響；所以他的文章沉博淵雅。父親的知友王欣夫評價他的文章說：「自韓柳而上窺漢魏六朝，清夷沖遠，情韻兼茂。讀之令人心愉神快，適適然如與造物者遊。是豈易至之境耶！」

父親的學生陳光貽記述他論文的見解云：「為文必先立意，故唐宋以來古文家各從諸子入手。諸子之書立意雖有純駁，要非空談，即其偏駁者，亦有獨到之見存。至於古文修辭，惟求雅確雅者。《論語》所謂『子所雅言』，雅言即正聲；確者，《易》所謂『確然示人易矣。』又古文要有詩意，誦之有調聲。學古文應下背誦工夫，在此基礎上精審其規矩精神，倘能用力得當，自有成熟之日。又桐城、陽湖二派古文義法，本無區別，惟入門取徑之稍異耳。陽湖文家先攻讀《文選》，再學唐宋八家以求義法，深入秦漢，故文風較為古雅。桐城則首唐宋，而入秦漢，雖殊途同歸，終不免清淺。」

父親寫的《論文示及門諸子》詩：「文章刻意便難真，天趣還因自在陳。搖筆即來無他巧，養成奇氣合精種。」由此可知，他主張吸收桐城義法，即藝術技巧，而又兼收博采，從必然王國進入自由王國，但力避桐城內容空疏的毛病。他為文也不局限於散體而兼作駢文。這都是遠遠超越桐城的。「五四」以後，「桐城末流」就此消沉，但古文界猶有漢魏、唐宋二派，各奉章炳麟、唐文治為大師，互不相下。父親則兩者兼擅，致使章、唐弟子平消門戶之見。父親的古文著作有《復駕說齋文初編》四卷、《雅確文初編》、《雅確寓蜀文編》五卷。

父親寫的駢文、古辭賦，遺存有《甲辛駢文》一卷。其中一篇《遊峨

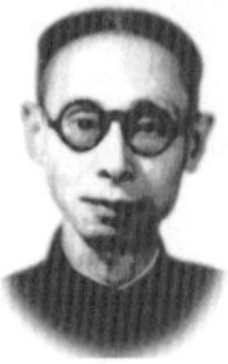

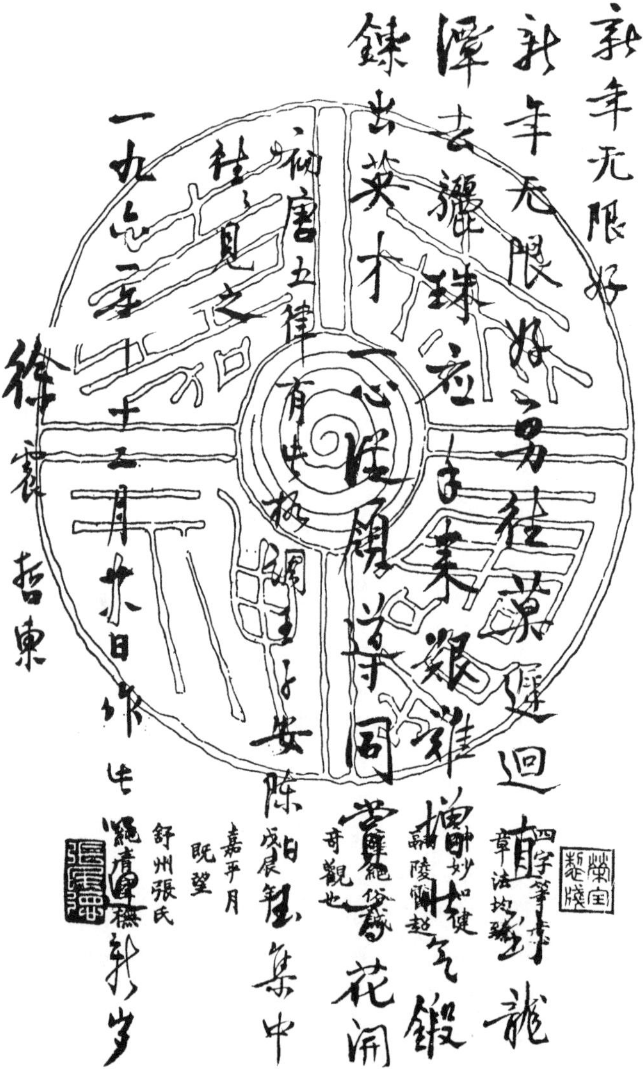
新年无限好
新年无限好勇往莫遲迴
一九六二年十二月廿日作
徐震哲東
嘉平月既望
舒州張氏

眉山賦》，他在新中國成立後給錫類老伯的信中說：「我以前寫的《峨眉山賦》，不過一篇模仿漢賦的假古董，冤枉花了不少功夫。」

這篇賦文辭雖過於古奧，但規模宏大，瑰麗奇偉，洋洋數千言，不但把峨眉山的稠峰疊巒、急澗飛瀑和雲海、佛光、佛燈等奇景殊觀描繪盡致，且對峨眉山的地理環境、歷史傳說和動植物品種敘述詳備；既貫穿著對中國壯麗名山的讚美，也抒發了愛國主義的思想感情，故一時在古文界爭相傳閱。

另一篇《九誦》則是以楚辭體裁，痛斥日本軍國主義的侵略罪行；歌頌為國犧牲的抗日戰士；指責國民黨政府貪污腐敗，實行不抵抗政策的罪惡；並申述了抗戰必勝的信念。

父親也常寫詩，古體、近體都寫，尤擅五古。他對詩歌創作認為：「凡中情有發，詠言而長歌，雖吐辭造語，術有精疏，要能質文交引，皆非無為之翰音。」所以他作的詩，不同於誇巧鬥靡的作品，許多篇什富有

愛國思想和正義感。如紀念革命先烈的《丁卯五卅日作》：

又到傷心日，悲歌吊國殤！
三年數宿草，十裏猶洋場。
江上波濤碧，播間酒漿涼。
還當共努力，何事淚縱橫？

如讚頌北伐軍的《革命軍》：

從軍從軍去革命，少年血性由來盛。
非為功名有可圖，不忍攙槍氣曰倞。
奮身前驅心所甘，效死豈迫將軍令。
夜探敵營取其酋，庶幾一鼓遂能定。
星疏月淡光依稀，瞻望前途野火映。
敵營白刃眾如雪，交飛彤珠血肉迸。

輷然飲彈仆地時，口呼殺賊聲猶勁。

如《到京後寄里中正德國技社諸子》二首：

朝弄利劍舞長刀，暮到江頭矚寒潮。
長空落日歸鳥盡，秋星歷歷秋旻高。
東西相去三百里，黃塵捲地車如飆？
丈夫何為猶惜別，一生最愛肝膽交。

新知自古最云樂，才俊紛紛有鋒鍔。
吾儕結交憑丹心，不隨世風為厚薄。
千鈞一髮存亡際，少年那得不自厲。
浩歌獨立天宇蒼，願君紉佩秋蘭芳。

如諷刺國民黨政府苟安四川的《至重慶二首》：

飛車絡繹盈馳道，大廈連甍起路旁。
京邑繁華過似夢，巴渝此日試新裝。

戰士沙場堆白骨，佳人豔飾鬥春華。
蜀地於今真樂土，猿聲已不到三巴。

如《於宜昌泛江登西陵峽往還瞻眺》寫西陵峽之雄偉險峻：

陡嶂聳穹蒼，萬山莽回互。
一望兩崖間，磐天漫雲霧。
大江霧中出，黃流浩東注。
奇險先巫夔，洪波壯吳楚。
岧岧西陵峽，作固下牢戍。

落日懸峽中，　乾坤供吞吐。

這些詩句足以警頑立懦。他的文友王恩洋為詩稿《雅確詩鈔》寫的序中亦云：「詩鈔清逸悲壯，一往情深而格律嚴整。」「足踵工部之後」，「可以敦厚人情，鼓舞民氣。」新中國成立後，父親以詩歌表達他對新中國、對黨、對人民的深摯感情，和為社會主義貢獻力量的凌雲壯志。如《一九五五年農曆新年口占》：

百年慘痛舊中華，　豺虎縱橫血滿牙。
今日神州誰是主，　人民團結起當家。
上升輪轆向前催，　大國風光湧現來。
已見興邦新建設，　更看文物百花開。

如《棲雲山居詩》中的詩句：

愛日不愛閑，入山異隱淪。
珍此蠖屈期，頤養為龍伸。

優老感明時，涉想暢形神。
如何酬嘉惠，聊為說劍人。

如《檢查紅專規劃》中有云：

破浪忘周甲，回曦奮魯戈。
春隨佳境轉，秋愛好花多。

父親遺詩有《雅確詩鈔》五卷。

父親對「韓柳文」和「春秋三傳」有精深研究，講授過多次。撰有

《韓愈評傳》、《韓集論文》、《韓集詮訂》、《韓集詩文寫作年月考》、《韓昌黎南山詩評釋》、《談韓愈文學》、《柳宗元評傳》、《柳集詮訂》、《李習之年譜》、《李習之集劄記》、《左傳箋記》、《左傳考論》、《春秋三傳述事考信編》、《公羊権論》、《公羊箋記》、《左穀解難》、《穀梁箋記》等。他在西北民族學院時，擬訂計畫，根據新的立場觀點對這些舊稿進行修改補充。他改寫後的「韓柳文」方面論著，一九五九年秋曾在西北民族學院十周年校慶展覽會上展覽過，而且稿件全是父親自己用毛筆端楷書寫的。

父親與太炎先生研討「春秋三傳」的往來書信有數十封之多，他準備退休後，予以整理發表。太炎先生曾為《公羊権論》題詞。文中云：「得足下參伍比考，發見隱匿，真如排雲霧而見青天矣。」「哲東心力精果，他日更能深求之否耶。」

父親在安大時，兼國史館名譽纂修。他曾有編寫清史之志。已對《清

史稿》中列傳補缺糾錯，改寫了二三百篇，但這些有重要學術價值的文稿大部分已在「文化大革命」「抄家」中失去。雖經追查，毫無著落。

父親學識淵博，他在西北民族學院時，教研組裏的同志，凡有古典文學、古代歷史方面及其他古籍上的疑難問題，都向他請教。他總是不厭其煩地給大家解說、指導，有時他記不清楚，還會費很大功夫去查閱資料，然後給予解答。所以有些同志欽佩地稱他為活辭典，父親的其他著述還有：《太史公曆年考》、《屈宋韻略》、《屈賦論略》、《千字文注》、《中國文學史》、《古籍考訂錄》等。

祖父喜愛收藏、欣賞古代文物，父親也深受這方面的影響，尤其嗜愛古玉器，而且深入研究，造詣深湛。對自己收藏的古玉器，都從玉質、土色、琢工、盤工、制度名稱、文字時代及器物之真贗各方面詳加研究考證，並和同好的友人一起研討，故於鑒別古玉特為擅長。

在上海時，一些玉器商人每得古玉，必請他鑒定，奉為權威。他並撰寫了不少文稿，遺存的有：《語玉》、《玉器研究綜論》、《玉器考釋》、《歷代玉器實物舉例》、《玉器與文化學術的關係》、《殷代殉葬玉器的情況》、《琰圭記》、《漢玉剛卯跋》、《藝術品的意義》、《刀劍及刀劍玉飾考》等。父親也愛好書法，他自己書寫的詩文稿，蠅頭小楷，工整遒逸。他並寫了四十餘篇碑跋。

二

父親精嫻武術，成就卓越，既有豐富的實踐經驗，又有精深的理論研究。他詳細考據武術的源流歷史，被稱為「武術家」、「武術史家」。

父親童年時，就愛聽勇猛之士行俠仗義的故事。稍長，因自己體弱力寡，更迫切思慕學習技擊以增強體力。十四歲時開始學地蹚，後來他覺得練地蹚塵土飛揚，會影響肺部健康，便沒有練下去。到一九一九年他交識了山東查拳名家馬錦標（字雲甫）。馬在江蘇省立常州中學任國術教員。

於是從馬學彈腿、查拳等，技藝大進。

一九二〇年父親與趙毅甫、陳研因等發起成立正德國技學社，父親被推任社長，馬錦標任教務主任兼任總教。入社習技者甚多。父親見身羸年老之社員，不能適應少林、查拳進退奔騰之勢，苦於跌撲勇急，難以堅持練習。

一九二三年，父親到上海參加全國武術運動會，得交周峻山（秀峰）。周為北京體育研究社教員，因向周秀峰學得太極拳架，其拳架略同楊派。是年夏，父親開始以太極拳教授部分社員。他於是悟出非博聞廣見，通曉各派，不足以言宣導。他又向楊少侯學楊派太極。向杜心五學自然門拳術。他也學過八卦、少林、形意等內外功拳術。

一九三一年父親在南京，由中央大學教授張士一介紹，得識太極名家郝月如。試技及談論後，遂專志從學。父親謙遜好學，才思敏捷，故事半功倍，技藝猛進，深得郝月如先生太極拳之真傳，使他對以往許多疑點豁然開朗，並與過去所學之拳術，融會貫通，相得益彰，臻於完善。此後與過去之師友驗技角試，俱皆嘆服。但他並未滿足，後來又向拳友李雅軒學楊式太極，新中國成立後又向田作霖學通臂。

一九三九年父親在成都和一位拳友——名震南北、號稱「河北四虎」之佼者，友誼試技。這位拳友身材魁梧，兩臂如同兩條大蛇，精武技內外功。以體力論，這位拳友對父親可單手抓之即擲。可是父親用化勁來對付，他輕如楊花，黏如蠶絲，問氣探意，黏沾其左右上下，猶如膠丸；按之則下，舉之則仰，彈之不走，拍之即返，摔之則借肩穿胯。約糾纏了一刻鐘，拳友無法得贏。旁觀者皆海內名士，嘆服說：「國術、國術，莫非

有術。」

二十世紀五十年代初，父親在上海，某舉重運動員見父親身材瘦小，想以力相戲試。與他相約，兩手相握，兩足相抵，看誰被拉動。某運動員立即就使上力，但僅一鬆一緊之間，某即被拉倒在父親身後之沙發上。旁觀者皆覺驚奇。

一九六二年父親已年逾花甲，某星期日，他與一些學拳者到蘭州第一工人俱樂部教拳。在休息敘談之時，突然發現一個患精神病的婦女，跑過來提起木匠的斧頭，揚起手正要向跟著她哭鬧的孩子（她自己的孩子，約四、五歲）頭上砍下來。大家都驚呆了，在這千鈞一髮之際，父親一個箭步躍到那婦女身後，敏捷地把斧頭奪了過來，避免了一場慘劇。大家轉恐為喜，一致讚歎他不僅有超人的勇氣和忘我精神，而且生動地表演了「輕靈巧倏」的武功。

後來他和我母親講述這件事情時說：「那時我全身勁都運在雙手上

呢。」父親與人試技，從不輕露鋒芒，顯示自己。他往往是從試技推手的實踐中取得理論的基礎，或是以拳理驗證於實際。

父親素好考據，故每習一技，必思詳細瞭解其源流。而武術界人士講述其師承之拳法，往往不能明悉，有的更是依託附會，無足證信。查看書籍，也缺略不全。他於是學習生理衛生和物理力學知識，以科學知識來探索闡發武術原理。又廣泛搜集資料，以考證武術歷史。

他考出《易筋經》和《洗髓經》不是出於達摩。他辨明《形意拳要論》非岳武穆所作，故形意拳是否岳飛創造，也是很大疑問。他指出許宣平傳太極拳無可考。但到他從郝月如學太極，看到了李亦畬手抄本《太極拳譜》，才否定張三豐創太極拳之說，可見他治學嚴謹。

父親撰寫了《國技論略》、《太極拳考信錄》、《太極拳譜理董辨偽》，一九三〇年至一九三七年間先後出版後，為經典性武術資料。《考信錄》和《理董辨偽》最近香港還在再版。父親編寫的《萇氏武技書》也

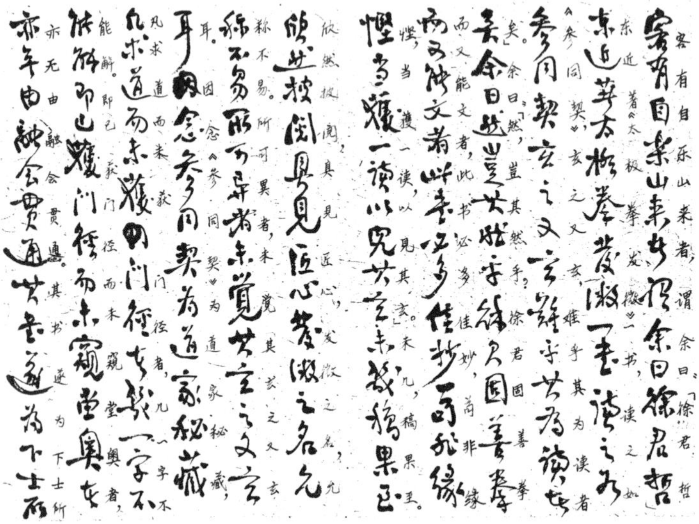

客有自乐山来者，谓余曰：「徐君哲东近著《太极拳发微》一书，读之如《参同契》，玄之又玄，难乎其为读者矣。」余曰：「然，岂其然乎？徐君固善拳而又能文者，此书必多佳妙，苟非缘悭，当获一读，以见其玄。」未几，稿果至。欣然披阅，真见匠心，发微之名，允称不易。所可异者，未觉其玄之又玄耳。因念《参同契》为道家秘藏，凡求道而未获门径者，一字不能解，即已获门径而未窥堂奥者，亦无由融会贯通，其书遂为下士所

《太極拳發微序》手跡

早已出版。他寫的《少林史實考》詳細考證了少林拳的歷史。

新中國成立後，父親認真學習了辯證唯物論和體育運動生理學、巴甫洛夫高級神經活動的學說，他以辯證觀點和新的科學知識進一步探研武術理論和武術歷史。他向有關同志提出：應把「國術」改稱「武術」。一九五一年以前他就向徐致一建議，太極拳要簡化，並編出一套簡化楊式太極

拳教授學生，效果很好。他認為自己過去寫的《太極拳發微》一稿，很多地方是在文字上兜圈子，帶有玄學色彩，需要改寫。

他寫了一篇《略論武術的性質》（載《新體育》一九五七年第十三期），指出，武術的性質最初是生產技術。隨著部落之間的衝突發生，武術又成為軍事技術。到戰國時代，生產技術的性質已過去，軍事技術和體育運動的性質，正在平行發展。太平天國起義失敗後，軍事上火器占了主位，武術已不起重大作用。而武術最本質的體育運動的性質，成為人民所喜愛的活動。所以武術是歷代人民從長時期勞動生產、實踐經驗中創造出來的。文中把現在的武術分為射擲、角鬥、演練三個部分，演練部分中又分藝術型、功力型、柔軟型三種類型，是很科學全面的。

他指出太極拳原有健身、技擊兩種作用，如把太極拳看成已變為只適合於老年人和多病人的運動，便會造成偏枯。對武術要有全面的認識，瞭解其發展歷史，充分估計它的廣度深度，探索發掘先代人民積累經驗的成

就。否則會使武術流於淺狹化，失掉許多精華。

他也正是這樣實踐的，他設計了一套教授法，先授楊式以鬆筋骨，繼授郝式以實內勁，最後則授杜心五自然門的走圈及其他拳術中的妙招，再加上表演用的功夫，成為一個完整的體系。還可根據各人條件從事進一步的研究。他把自然門的走圈結合進郝式太極，使之成為郝式太極之基本功之一。

父親在蘭州的幾年是他武術理論的豐收時期。他撰寫了不少著作，如《武郝系太極拳述論》、《太極拳新論》、《太極拳簡說》、《太極拳淵源》、《太極劍的來源及演變》、《萇乃周武技述評》、《定式太極拳》、《太極拳五詠》（其中三首有注）等。他的著作都是科學地、全面地論說武術，是他豐富的實踐經驗的結晶，更有獨到的創見。

如他編選的一套定式太極拳，兼取材於陳、楊、郝三家，並結合體操的原理，全套只有簡化太極拳的一半，動作簡單，故易教、易學、易會、易記，便於普及推廣，對強身保健，防病癒疾，比舊傳太極拳更為適用；同時，也可兼練武術的基本功夫，還包含有表演的藝術形式，可以在操場上集體操練、表演，而一個人在房內也可以練。

他還寫了一本《定式太極拳》，從理論上詳加闡述，對練法詳為解說。父親指出：「太極拳是我國傳統武藝與導引的結合體，武藝以精練技擊為目的，導引以養生延年為目的，這兩個目的和兩種練法，在太極的活動上統一起來產生著互相推進的作用。」所以他提倡太極拳要全面發展，現在在強身治病方面大有發展，但在

1936年12月，父親(徐哲東)與童天祥合影於蘭州。童老時年七十有一，父親六十有七。

技擊一面，還沒有趕上前人。他說：「前輩如楊露禪、武禹襄、楊班侯、李亦畬、郝為真等都有極其精深的造詣，發為驚人的技術。這是太極拳的珍貴寶藏，應予重視，否則會被湮沒掉的。」

他教太極就很重視練推手。他提出應把推手放到體育運動項目中去。推手基本上有站步、活步，散手三種花式，不但會比拳擊、摔跤的面展開得廣，而且比較和平，不大會有擊昏和跌傷等事。他寫的《太極拳五詠》，以字字珠璣的詩句，道盡了太極拳的真諦，概括了所有內功拳的精華。所以他不但繼承了中國這一十分珍貴的民族遺產，而且進一步發展了它。但他虛懷若谷，還一再拜望老武術家王福辰及平涼民間武術家童天祥，徵詢有關武術的學問。

父親在提倡推廣武術運動方面，也作出了較大貢獻，數十年如一日，不遺餘力。前面提到的正德國技學社就是以提倡武術，強身救國為宗旨。分期招收社員，先後聘請馬錦標、梁德魁、宋振南、許鑒堂、郝月如、郝

1956年，徐哲東先生與上海其他武術家合影

少如、劉協生諸武術家和他自己傳授武術，兩次召開表演會。

一九二三年他提議由正德學社發起舉行武進全縣武術運動會，參加表演者百人以上，觀看者每日萬餘人；並選定父親和馬錦標、楊樸為代表，赴滬參加全國武術運動會。

一九三三年在武進縣舉行江蘇第二行政督察區運動會時，父親被聘為國術比賽總裁判，有關國術比賽事宜，統由正德學社籌辦。一九三七年由於日本軍國主

奮舞強身劍昂頭解放
晨競趨新建設同樂太
平春
自題舞劍照片郢正
子清老弟
一九五四年七月 徐震
徐哲東

徐哲東先生舞劍照及題詞

義的侵略，故鄉淪陷，正德學社無形解散。一九三九年父親曾任四川省國術館義務指導員。一九四七年父親和十幾位舊社員曾倡議恢復正德，但江蘇省社會局不批准，於是正式解散。

一九五〇年三月父親與徐致一等發起成立了上海市武術界聯誼會，對愛好武術的同志做聯繫、技術觀摩研究等工作。徐致一是主席，父親擔任執行委員，兼編審委員。一九五三年父親擔任上海市民族形式體育表演及競賽大會評判員，又任華東第一屆人民體育運動大會民間體育評判員。自一九五六年至六十年代歷次全國性武術表演比賽大會，父親都被國家體委聘為裁判或副總裁判。

一九五八年至一九六六年間，凡是甘肅省或蘭州市舉行的武術比賽運動會，幾乎都是父親擔任裁判長。父親任蘭州市武術協會第一副主席時，親任教練，多次義務舉辦太極拳訓練班，上門求教者絡繹不絕，他總是熱誠傳授。正是在他的努力下，太極拳和太極推手在蘭州迅速普及開來。

徐哲東先生拳姿

他還以自己的心血和汗水，換來不少人的健康與幸福。如蘭州電信局老職工劉梓琴因長期患病，醫藥無效而提前退休，自參加

太極拳訓練班，在他耐心教導下，堅持鍛鍊，病體好轉，年近八旬，體質反較二十年前強健。再如退休老職工劉煦在他教授下朝夕鍛鍊，八十三高齡尚鶴髮童顏，精神矍鑠。類此事例很多。父親教授武技毫不保留，他有兩句詩：「倘是金針全付與，諸君各繡好鴛鴦。」他給友人信中說：「若得至體育專門學校，以數十年心得授之青年，乃所願也。」他編的定式太極拳，經過試用，在醫療上，在指導學太極拳者打基礎功夫上，都取得效果。

父親年近七旬，壯志未已。他要運用科學知識對武術理論進一步尋幽探微，攀登新高峰；他要撰寫一部完整的中國武術史，以填補空缺；他要為推廣發展武術，增強人民體質作出更多貢獻；他要讓武術功力和技巧引進現代體育，以提高運動效益；並建議把武術列為學校課程。但令人痛惜的是壯志未酬身先死！不能不說是我國武術界的一大損失！

父親武術方面著述稿還有《太極拳譜考證》、《太極拳叢話》、《王宗岳〈太極拳論〉闡明的技擊綱領》、《王宗岳〈太極拳論〉總結出的理論與原則》、《萇乃周武術學》、《少林宗法圖說考證》、《形意約說》，《形意習錄》、《談八段錦》、《通臂拳講習記》、《意氣功》、《彈腿新詮》、《易筋經疏證》、《八卦拳述論》、《槍棒刀劍法舉要》、《形意拳新論》等，可惜在「文化大革命」中也散失了一部分。

三

父親是熱愛祖國，富有正義感的民主人士。他少年時正值舊民主主義革命時期，孫中山、章太炎先生的革命活動和文章，給他以巨大的影響，使他萌發了反對滿清皇朝，痛恨外國侵略的思想。辛亥革命後，我國陷於軍閥混戰的局面，仍然深受帝國主義的侵略，人民飽受著戰爭、貧窮的災難。父親對國事深為憂慮。一九二六年秋，他在上海滬江大學任教，與謝仁冰同事。在當時國共合作、北伐軍節節勝利的革命高潮中，謝和父親

都有意加入國民黨。謝和楊杏佛有交誼，得楊介紹，辦理了兩人的入黨手續。

一九二七年三月下旬，北伐軍到達常州。常州的秘密黨組織（國共合作時期的）公開為第一屆武進縣黨部，領導人是惲逸群。參加黨的秘密工作的進步人士楊錫類，由北伐軍十七軍政治部委為武進縣公安局長。蔣介石在「四・一二」大屠殺時，由十七軍中委出的縣長巢鏡深，是反動腐化的老官僚，在常州響應，組織反動的「群眾大會」，把第一屆縣黨部推翻，還要逮捕第一屆縣黨部委員，同時發佈了通緝楊錫類的命令。楊被迫逃亡武漢，接任公安局長的是周鏡清，他這個職務是向軍隊方面行賄取得的，但又被北洋軍閥餘孽旅長葛樹森奪去。他們敲詐勒索，民怨沸騰。

五六月間，江蘇省政府和民政廳成立於南京。父親的好友陳研因任民政廳視察，就和謝仁冰（時任建設廳秘書）、劉北禾（時任教育經費管理處科長）商量後，向孟心史（時任民政廳主任秘書，也和父親熟識）建議，由孟向省主席兼民政廳長鈕永建提出，委任父親為武進縣公安局長。一九二七年八月三日到職接任十天左右後，武進縣長也由學者顧樹森接任。顧和父親便取消了對楊錫類的通緝令。父親和楊錫類、惲逸群交友，和他關係密切的學生卜雪簃、徐水亭是中共黨員，卜還在公安局任職，也是地下黨派進去的。父親認為這些共產黨人都是好人，他主張不管什麼黨什麼派，好人都要聯合起來，反對壞人，故從未逮捕或檢舉過一個黨團員和左派國民黨員。

一次裁縫工人罷工集會要求漲價，父親便帶了十幾位員警去。聽工人們說了罷工理由後，就答覆說：「如果確實有問題，你們可以把價格稍為提高一、二角，顧客也會同意的。」工人們就漸漸散去了。楊錫類老伯看到有些裁縫工人可能受「左」傾路線的影響，要反對父親，就勸說他們。這時武進縣的當政者，是革命活動的保護傘，這樣做，反而是不利於革命工作的。罷工事件便解決了。

父親任公安局長時曾大力禁煙，我祖父也有嗜好，有人認為他禁煙不會堅決。父親卻首先以身作則，把祖父的煙具毀掉。拒絕賄賂，和顧縣長、職員須敬等出發查禁鴉片，捕捉煙販和煙館老飯。武進報紙曾為此撰文讚揚德政。於是有人傳說，常州有赤化傾向。同年，十二月下旬，民政廳長已換茅祖權，茅說父親任公安局長是「用違其長，不適當」。十二月二十三日父親交卸了這一職務。顧樹森也已於十一月間交卸了縣長職務。

一九二八年四五月間，偽江蘇省黨部派張淵揚到武進主持整理黨籍。這是國民黨當時所謂的重要黨務，要對黨籍重作審定，並要重發黨證。父親看到幹國民黨黨務的多是些吃黨飯（當時譏笑專做黨職的人的名詞）的人，決心不幹黨職。是年秋，父親就任中央大學講師，對黨籍一直沒有去過問。一九二九年春，父親看到常州《中山日報》登載一道通告，催六、七個人去領黨證，他是其中之一，就寫了一信，以患肋膜炎初癒身體不好，課務又重為由，退出了國民黨。

父親由於好友沈遵晦的介紹，一九三四年十月至一九三九年八月間曾一度在國民黨軍界任文職。一九四九年初，沈和父親的學生宋今人逃往臺灣之前，都曾勸說父親去臺灣，並表示可以在臺為他謀得適當的職位，飛機票也無問題。

這時父親深信謝仁冰和他說的話，共產黨必將解放全中國，到那時他一向的希望——國家能夠富強，人民安居樂業就能實現了。他並閱看了謝借給他的《論東歐新民主主義國家》（陶大鏞著）。他看到國民黨的反動官僚政府，貪污腐化的敗相已根深蒂固，無可救藥，群眾也完全喪失了對這個政府的信念。所以在這重大抉擇的關鍵時刻，父親決意拒絕去臺，他說：「國民黨是中國人，共產黨也是中國人，我只看哪個黨的政治辦得好，能真正拯救中國人民於水深火熱之中，我就跟哪個黨走。」

一九四九年夏，我妹雲倬和我弟英翔報名考取了華東軍政大學。當時有的家長不讓子女參軍，我繼母也提出英翔年齡小，生活不能自理，不放

心他去參軍，還是培養他讀書。但父親積極支持，他說：「人民解放軍的優良作風，是以往軍隊所沒有過的，應該鼓勵子女去經受鍛鍊。」此後又寫信給雲倬、英翔，要他們認真學習《論共產黨員的修養》，信中說：「這本書中集古今中外許多思想家的精闢言論，闡發了中華民族優秀的道德傳統。」這是他們後來積極爭取參加黨組織的啟蒙教育。

一九四八年八月，父親擔任（兼職）了上海私立常州旅滬中學校長。解放初期，這個學校因董事會無形解散，經費極端困難。附近的私立中學，情況類似的已相繼停辦。但學校地處工廠區，就讀學生多數是工人子弟，一部分來自貧兒院的學生，更是以學校為食宿之家，倘學校停辦，他們上學、生活都將發生困難，故急切希望學校能繼續辦下去。

在這種情況下，續辦呢還是停辦？父親決定和校裏幾位老師千方百計克服困難，把學校續辦下去。到一九五〇年秋季，這個學校附近因美蔣轟炸疏散去鄉的居民紛紛回來，一批青少年需要上學，常州旅滬中學又給他們提供了入學的條件。抗美援朝時，動員青年學生參加軍事幹校，校裏學生踴躍報名，參幹人數的比率很高。

一九五〇年六月，父親曾以特邀代表參加常州市第二屆二次人民代表會議。父親在上海市一九五二年停辦高校聯合辦事處工作時，由同事孫鴻霖等介紹，加入了國民黨革命委員會。父親在蘭州西北民族學院任教時，工作中認真貫徹執行黨組織的決定。這時他還擔任甘肅省民革委員，每次出外開會，回來總要向黨支部彙報情況。在一次評工資中，父親以黨的民族政策勸說我繼母，主動把加工資的名額，讓給了一位藏族幹部。

父親生活很儉樸，生母吳承吉持家勤儉。但父親對愛國、正義的行動卻很慷慨，母親也一向支持他。「一・二八」淞滬抗戰時，父親和趙穀甫等友好親戚，集款縫製棉背心，購買紅棗、麵粉等物，由母親做成耐饑易帶的丸形乾糧，送去前方支援抗日將士。一九三四年宜興、溧陽水災，常州名士錢振鍠先生賣字救災，但災民越聚越多，皇亭一帶住得滿滿的，錢

已難以應付。承烈武（父親的學生）函告父親，他很快就籌募一千多元匯給錢先生，協助救災。再如抗戰前，正德學社學員潘銘錦要投奔共產黨，臨行前，父親贈潘路費四十元，並在城內公園設宴歡送。親友中生活有困難，父母親亦常解囊資助。

父親的一生，在「文」、「武」兩方面都有很大成就，對繼承發揚民族遺產作出了一定的貢獻。他好學不倦、鍥而不捨和吸收新思想、新知識、新事物的精神，他愛祖國、跟共產黨走、關心人民的思想言行，他謙謹敦厚，樂於助人的品德和儉樸的生活作風，都是我們後人的楷模。他的著作是一份珍貴的民族文化財富，把它整理好，使之刊行，也是父親的一項未竟之志。緬懷父親，也鞭策著我一定要努力做好這項工作。

第一部分

文　章

略論武術的性質

在《新體育》第二、四期上，登載了蔡龍雲、吳高明兩位同志對武術性質討論的文章，這一問題關係到我國武術發展的方向。我願把一些不成熟的意見拿出來和大家商榷。

怎樣認識武術

我國武術內容是豐富的，也是複雜的。它的作用隨著歷史條件而變化。我們要認識它各個方面，各種性質的聯繫與關係，才能對它有全面的認識。

在原始石器時代到舊石器時代，人用石製的手「擊器」或用木製的器具和野獸搏鬥，器械是不鋒利的，因而必須要有精熟的技擊術，才能獲得勝利成果，這就是武術的開端。古代人和野獸搏鬥的唯一目的是獵取食物，所以在這一時代，武術的性質是生產技術。到了部落逐漸形成，部落之間有了衝突，武術又成為軍事技術。到中石器時代後期，發明弓箭。弓箭是武器，同時也是用於打獵的生產工具。在這一器物上，就可見到武術的二重性。社會發展到接近奴隸制時代，畜牧代替了狩獵。武術作為生產技術的作用此後逐漸消逝了。

技擊和舞蹈結合，產生了武舞。武舞的產生，不後於舊石器時代。當人類在使用技擊獲得勝利成果後，興奮地要再現勝利的動作，就是這種舞蹈的開始❶，這種舞蹈實際上是帶上樂歌的技擊練習，而且還能使練習技擊更增興趣。於是，舞蹈也有了雙重作用。我們看到《左傳》上記楚文王夫人說，武舞是「習戎備」（莊公二十八年傳），可見武舞的雙重作用，

❶參考普列哈諾夫對於「原始藝術與勞動之不可分離，勞動早於藝術」的論證。普氏說見周揚編「馬克思主與文藝」第一輯。

到春秋時還被保留下來。武舞是經過編排而有定型的，這就是形成後來技擊套路的由來。武舞到後來雖然終於和武術分開，前者發展成為藝術，而套路的演練，卻一直在武術中流傳沿用。

技擊的經常使用與經常練習，早在狩獵中就產生了發展運動器官、改進中樞神經系統機能的效果，由此影響到整個機體，使體質增強，精力充沛。這一作用，雖然不是很早就被人意識到，至遲在春秋後期戰國初年，已被發見了。《禮記》中說到射法有如下一段話：

> 內志正，外體直，然後持弓矢審固。持弓矢審固，然後可以言中。此可以觀德行矣（射義）。

從這幾句話裏，可見戰國時人已知射箭運動對人體能起積極作用（要求志正體直即是要求精神貫注，姿勢正確），這和培養健康精神（德行）是有關係的。

《禮記》說到武舞，有如下的幾句話：「執其干戈，習其俯仰詘

（屈）申，容貌得莊焉」（樂記）。把這幾句話和表記中「君子莊敬日強，安肆日偷」聯繫起來看（《表記》也是《禮記》的一篇，偷是懶惰消極的意思），可見儒家認識到武舞是有強身及培養品德作用的。

戰國末期人著的《呂氏春秋．古樂篇》中說：「昔陶唐氏（應作陰康氏）之始，陰多滯伏而湛（沉）積，水道壅塞，不行其原，民氣鬱閑（遏）而滯著，筋骨瑟縮不連，故作舞以宣導之。」關於舞的體育作用，這裏說得更明白了。

在古人對體育運動知識逐步深化過程中，創造了「導引」方法。「導引」一詞，始見於《內經》（託名黃帝，實是戰國時人作），也見於《莊子》。它的活動形式是，「吹呴呼吸，吐故納新，熊頸鳥伸」（《莊子．刻意篇》）。這是一種把深呼吸和舒筋活血的體操結合在一起的運動，這種創造是春秋末期到戰國時，體育知識發展的成果。導引術在戰國時是否已和技擊發生關係，尚無明顯的證據。但很可能取材於舞，或者受到練習

技擊的啟發。這種從健身出發的體操運動，到清朝終於被武術家吸收創造了形意、太極等內功拳術。

戰國時代，摔跤一類的對法已經有了。《莊子・人間世篇》說：「以巧鬥力者，始乎陽，常卒乎陰大至則多奇巧。」所謂：「始乎陽」，是說原是為了樂趣；「卒乎陰」，是說因爭勝而發生憤恨；「大至」是說比賽進行到最高峰。從這些話裏可見摔跤也是民間比賽的遊戲運動，不一定屬於軍事訓練。

對劍在戰國時也有了。《莊子・說劍篇》雖是寓言，但也反映了當時擊劍的情況。據說劍篇所述，對劍時死傷是常事。果然如此，練習是要發生困難的。看來說劍篇中所描寫的對劍是一種決鬥性的比賽，一般對劍，並不如此。

從古書中看到西漢時劉遷和雷被比劍（事見《史記・淮南王劉安傳》），劉遷雖敗，並未受傷。三國時，曹丕和鄧展比劍，以甘蔗作劍

（事見《三國志》文帝紀注引曹丕典論自序），打得很有分寸。足證比劍的一般情況，是不大會受傷的。於此可見擊劍也是當時一種遊戲性的角鬥，不一定專用於擊敵。

本文不是寫武術史，無須把武術發展的具體情況再往下說，因為從戰國時代直到近百年間儘管武術的內容繼續豐富，但大體上還是相同的。很明顯，武術到戰國時代，生產技術的性質已在歷史進程中過去。娛樂活動的（即體育運動的）和軍事技術的（包括其他自衛擊敵的）雙重性，正在平行發展下去。而娛樂活動性質的一面，正是武術廣泛地流傳於民間的主要因素。因此，武術的內容，被歷代人民創造豐富了。

現在武術可分成三個部分：

甲、射擲部分：包括射箭、彈丸、打鏢。

乙、角鬥部分：包括徒手和器械的實對。徒手如摔角、推手、散手；器械如刀、槍、劍、棍等的競技性對打。

丙、演練部分：包括拳術、器械的單人演練，對打演練。

在演練部分中，又有三種不同的類型：

(1)藝術型：以花法為主。用審美觀點，選擇技擊的動作及姿勢，在符合技擊規律的原則下，以藝術的結構，編成單打或對打的套子。要表演起來好看，也要有技擊的作用。

(2)功力型：專重於實對的練習。法、式簡單，有的只有一兩手。如戚繼光《紀效新書》中所說的棍法：「將棍一打一揭，久則自有力，高不過眉，低不過膝。」（短兵長用篇）這是一例。這一類拳械，要內行才能欣賞。戚繼光說：「俞公棍所以單人打不得，對不知音人打不得者，正是無虛花法也。」正是這一類型拳械的定評。拳術中如形意五行、通臂單勢等屬於此類。

(3)柔軟型：這一種演練只是在拳術方面，器械沒有這樣形式的練法。這一類拳術的特點，是動作緩慢，用意而不用力，並和深細的腹呼吸相結合。鍛鍊這類拳術，能使神經系統與各器官之間的感應作用交互加強，因而有普遍改進內臟器官的功能，產生顯著的保健醫療效果；也有解除肌肉拘束牽制，達成在技擊動作上既自如又有正確的效果。太極拳、綿掌拳、軟拳等，都屬於這一類型。

以上三類，藝術型，一般是屬於外功；功力型，有內功有外功；柔軟型，都屬於內功。每一類練法，又包括很多的套子及單式，這是武術的整個體系。

綜合武術發展的過程和它現在的體系來看，到太平天國起義失敗後，在軍事上火器占了主位，技擊已不起重大作用（在交手戰中還有作用）。然而武術並沒有消沉，像上面所列舉的一個龐大體系，居然能全部保存下來，就是因為它具有體育運動的屬性，為人民所喜愛，這是它最本質的東西。其特徵則在技擊所體現的各門、各類、各色、各樣的形式和方法。這是歷代人民從長時期實踐經驗中創造出來的。

與蔡龍雲見解的異同

蔡龍雲在《新體育》第二期上發表的《我對武術的看法》一文內所談的問題，與我的見解有哪些異同呢？

首先是蔡龍雲認為武術中的「擊」在古代的作用是「防身殺賊」。照他的看法，武術是從軍事需要及個人自衛的目的而創造發展出來的，不是從勞動生產中創造出來的，不是從群眾中發展起來的。這和武術創造發展的實況並不相符。

其次，分類的不同。蔡龍雲認為「我國武術一開始到現在始終是循著「擊」和「舞」兩個方面發展的，這兩方面傳統地構成整個武術運動。他的意思，武術始終是對手（包括實敵和競技兩種性質）的「擊」及表演的「舞」兩部分組成。

我以為「擊」聯繫武術的各方面，貫串著整個武術體系。「舞」僅是武術的一部分，把「擊」和「舞」並列，會把「擊」的廣泛性的意義和「擊」所表現為一種形式（角鬥的形式）的意義，在概念上混淆起來。射擲應當分開，因為它既不是「舞」又不是「對手」，是「擊」所表現的另一種形式。

我也有同意蔡龍雲的意見：

第一，他認為應當從體育作用上決定武術的去、取。他說：「武術在今天任務已不再是」防身殺賊立功，而是和其他體育項目一樣，是為增強人民體質。

第二，他闡述花法的藝術特點，列舉故事，證明舞中花法的感染作用，抒發感情作用。這是說得好的。

但是因為他特別重視花法，又不免限制了他的視野，他把演練（即他所說的「舞」）全部重點放到了花法上面，這是片面的。他對太極拳的看法，就可作為例證。太極拳動作柔緩不是專為健身，但也是一種練內勁和

提高運動器官、感覺器官、中樞神經系統機能的特殊方法。蔡龍雲卻以為「太極拳變到現在，才成一種適合於老年人或多病人的運動」，已經失了本相，不再有它原來「蓄勁如開弓，發勁如放箭」那樣「勁力足快」。斷定它已經失去練習技擊的作用，只有醫療作用。

如果按照他的意見來學習現在通行的楊（澄甫）、吳（鑒泉）兩家太極拳，那麼原來有的兩種作用——健身、練擊，就要消失一種——練擊的作用了。這不是引向發展，而是造成偏枯。按照事實說，楊吳兩派而外，武（禹襄）郝（為真）一派也是動作柔緩的。

我曾於三十年前見到一位老拳師韓愧生表演軟拳，也和現在的太極拳同樣柔緩。難道都是專為多病人、老年人制定的拳術嗎？我們可以看到有些壯年健康的人學太極拳，對練習技擊很有興趣，他們開始時和多病人、老年人學的架勢並無不同，多病人練到病除，不斷用功，一樣可以練到技擊本領，並不要換個架勢，改慢動作成為快動作，這就證明了現在老年人、多病人練的太極拳，並未減少以前原來的功能，而且更便於療病。

「蓄勁如開弓」，是形容收時的圓滿姿勢；「發勁如放箭」，是形容放時的鬆脆彈力。在多病人、老年人練的架子中並不是不存在。做到如何程度，當然要看工夫，然而不論工夫如何，總是用柔和的動作練「以意運氣」，並非鼓努作勢的「以力使氣」。蔡龍雲以為形容顯見於外的「勁力足快」與太極拳家的理解並不相同。蔡龍雲對太極拳的內容瞭解得不夠，就作論斷，我對這種說法是不能同意的。

至於談到競技角鬥，他也只重在訂規則，做護具，「吸收外國好的競技方法來補充……」當然這些意見並不是不好，然而對傳統競技方法如何探索發掘，並未給以足夠的重視，以為「有些方法很原始」，只要「保留它的運動特點」就夠了，這未免淺看了我們先代人民積累經驗的成就了。

總而言之，蔡龍雲對武術認識得不全面，不瞭解它過去發展的歷史，因而對它的廣度深度都估計得不足。按照他的看法來對待武術，會使武術

流於淺狹化，失掉許多精華。

與吳高明見解的異同

吳高明在《新體育》第四期發表的《武術是鍛鍊身體的方法》一文，是針對蔡龍雲同志的文章而寫的。他所提出的「武術在歷代人民中都起著體育實際作用，不論人們意識到或意識不到，也不論從前研究武術的人是怎樣提法。」這話確能指出武術的主要內容，說明了它在文化遺產中的重要性。他提出了武術和醫療導引法的關係，說明射箭早就有了體育的意義。這些意見，我認為都是對的。但也有兩點不同：

㈠ 蔡龍雲要把「學習和揣摩芭蕾舞的腰腿訓練方法」，為基本上提高武術藝術水準的方法。吳高明很反對，他以為這樣可以把武術發展引向脫離體育，而成為變相的舞臺上的打武。他認為武術的藝術性，是「武術練到一定水準後自然顯示出來的優美形象，而不是故意做作出來的……

『花招』」。他認為要使武術正確地「成為更加合乎健康、適用、全面發展的體育原則的體育運動項目」。他提出了提高武術藝術水準的基本要點應從手、眼、身、法、步等處著眼，練出力量的真勁，「擊」的技巧。他所提的正面理由是對的，不過蔡龍雲的意見也不是完全要不得，問題在於他把學習芭蕾舞的訓練腰腿法，作為提高武術性的基本方法，而且只提這一種。這樣提法，太片面了。但是作為一個方法提出，未為不可。因為我們要發展武術，在不違反體育原理，不脫離技擊規准的前提下，我們不拒絕採用一切新的方法。吳高明把蔡龍雲的意見全部否定，也不確當。

㈡吳高明批評蔡龍雲的文章，好像是說武術從創始到現在就是為了打，成千上萬的人練武術也就是為了打。這話並不確當。因為蔡龍雲文中把表演的藝術提得很高，這就說明他並不是把武術看成只是為了「打」。

我對吳高明的意見除以上二點外，大體上是同意的。另有一些引書和涉及考證的問題，因與本文主題無關從略。

太極拳簡說

——太極拳的全面發展觀

一、內 容

1. 太極拳是成套拳架的名稱，和拳套聯繫在一起的，還有太極推手，是練習對角的程式。

太極拳已有二百幾十年的歷史，經過若干教師專家的改動，拳套已有多種不同的形式。但除新編的幾套外，從陳家溝傳衍的楊、武（郝）、吳、孫四派大體上是相同的。至於姿勢的規矩、動作的準則，基本上是一致的。至於推手的程式，大體上可分為兩種：一種是不動步的，稱為定步或站步推手；一種是動步的，包括活步、大攦，等等。進入自由的對角，稱為散手，這就不受程式的限制了。

太極拳的套子，含有技擊與養生兩個作用。王宗岳傳下的拳譜中《十三勢歌》說：「靜中觸動動猶靜，因敵變化示神奇」，這指出了它的技擊作用。又說：「詳推用意終何在，益壽延年不老春」，這指出了它的養生作用。太極推手雖然以練技擊為主，也有益於養生。技擊術與養生法是太極拳整個內容的兩個方面。

2. 太極拳的內容的兩方面是統一於姿勢的規矩與操作的準則上的，但又可以分別發展，各起作用的。

從練法上說，為健身、治病而練，單練拳套也可以，要練技擊，就非加練推手不可。不練推手，即使拳套練得很熟，姿勢與操作也都基本正確，也不會用於攻守。因為缺乏對角的經驗，臨敵就不知所措，功夫用不上了。

其次，攻守的練法，要求全身內外部的反射活動，增加不少複雜性；

要鍛鍊得深入細緻；要不斷地提高大腦皮質與本體感受器（即肌肉、腱和關節的感受器）靈敏的反射，才能精確地使用自己的力，捕捉對方的空隙，利用對方的力。這種技巧，不從推手實踐中是得不到的。

近一百多年來，從蔣發在清朝乾隆年間把太極拳傳入陳家溝以後，直到光緒年間，楊、武兩家都是以技擊為重，在這方面發展。從清末到新中國成立前，有人注意到了養生方面，但在這方面還是發展得很少。這一時期內，技擊則處於保守狀態。雖然不乏專家名師，其造詣已不如前人了。這都和舊社會的歷史條件有關係，從陳、楊以來，掌握這套技術的專家，或者本身就是剝削階級中人，或者是從屬於剝削階級者。

太極拳的名手，有的曾經為清廷鎮壓太平軍與捻軍，有的充當貴族官僚的家庭教師。清亡以後，要學太極拳，至少是生活比較寬裕的人，能夠出得起相當數量的學費，還要有空閒時間。否則，或與教師沾親帶故，才能得到受教。教師也不是輕易肯把關竅傳出來的。所以首先就是傳授不廣，其次是難於學到真功夫。這是由於太極拳正在商品化。

新中國成立以來，在黨和政府的正確的方針政策推動下，太極拳開始為廣大勞動人民服務。現已正式應用於醫療，列入體育運動項目，對大眾健康起了巨大的作用。並且運用現代科學的學理和科學方法進行分析研究，取得不少成績。這是空前的一大發展。但從太極拳的整個內容來看，未免偏重於養生的一面。技擊的一面幾乎沒有新的發展。這是什麼原因呢？這裏面似乎存在著對太極拳技擊術的認識問題。

3. 下面就對太極拳技擊術的認識問題談談我的看法。

其一，現在流行的太極拳有無技擊內容的問題。

有的看法以為太極拳最初是有技擊作用的。像陳家的拳架和練法，沉著有力，並有顯著的難度動作，這樣的太極拳是有技術內容的。到楊、武兩家手裏，變為輕鬆柔緩，就只有養生的內容了。因此，有人稱太極拳是衛生拳。其實楊、武兩家變得輕柔，絲毫沒有忽略技擊的內容，而是在陳

家溝太極拳的基礎上，創造了一種新的練法，這不是取消或削弱了太極拳的技擊作用，相反的倒是豐富了太極拳的整個內容。這一點下面還要詳談。

其二，現社會裏練習武術，要不要重視技擊作用的問題。

有人認為，在新社會裏，練技擊無大作用。太極拳既能強身、治病，就可以單獨發展它的養生一面，不須重視它的技擊一面。我認為，在現社會內，發展武術中的技擊術，正為國防軍事技術所需要，也符合勞衛制體育運動的目的。太極拳的技擊術有其獨到的精妙之處，而且重視它的技擊術，對強身、保健、醫療等，還能起推進作用。我們沒有理由只讓太極拳的內容單面發展。

其三，技擊與養生兩方面的關係問題。

有人問，如果練太極拳的目的只為治病健身、延年益壽，是否可以不練技擊？這當然可以，上面也已經提到，但是能練技擊更好。況且養生與技擊在太極拳的基本原理上是一致的；在練法上雖然有所區別，也是有共同的原則的。為了說明理由，特把技擊與養生兩方面的關係分析一下：

第一，有些患病者只在醫院中或在療治時每日練習，病好就不練了。如果病好後能向技擊術上追求，進而練習推手、發勁各種攻守法門，就會引起許多興趣，保證經常鍛鍊。

第二，在推手上，可以證明姿勢與操作做得正確，就能有技擊上的效果；做得不正確或不夠正確，就不能生效，或者效果不夠好。由此認識掌握了正確的姿勢與操作，就會深入探究，愈練愈精，由表向裏，使機體各系統的器官加強其機能，乃至引起生理機制的變化。在經常鍛鍊中，既能阻止疾病侵犯，又能提高工作能力。大腦對內外部環境的感應都極靈敏，倘有病因萌生，很快就會感覺到，並能有意識地運用內功去消除它。

第三，太極拳並不是專為老弱有病者設的體育運動項目，它的推手，可以看作與拳擊、擊劍、摔跤相類的運動項目。是具備加強體力、耐力、

速度、靈敏四個體育要素的訓練課程。它能養成沉著、勇敢、機智、精細的能耐。尤其是功夫達到高水準，神經會受到最充分的深刻的鍛鍊。所以精通太極，可使精神活潑，而頭腦冷靜。

第四，太極拳在醫療上的作用，不僅能幫助患病者恢復健康，還能對針灸醫生、按摩醫生在運指運掌上起提高技術的作用（有位針灸醫師在學習太極拳後，療效有顯著進步）。而這許多功能都要從練習技擊的方法中取得。綜觀以上的分析，可見太極拳的內容雖分兩面，卻有其統一的整體性，因此有全面發展的必要。練者最好能夠全面掌握。

當然，如果年齡已有五、六十歲，又是全未學過武術的人，可以不去研究技擊術。至於體弱或有病的人，如果是青少年或中年人，只要他有研究技擊的興趣，到了身體恢復健康後，還是可以學，而且可以取得良好的成績的。

總而言之，發展太極的技擊一面，並不與發展它的養生一面相矛盾。

至於怎樣來運用，怎樣來指導，那是學理研究和教學方法上的問題了！

4. 全面掌握，應特別注意於操練拳套。

上面說過，「太極拳的內容是統一於姿勢的規矩與操作的準則上的」，這一系列的規矩與準則，又必須由拳套的架勢來實現。所以全面掌握又必須經常演練拳套。有人練出技擊的興趣後，專愛推手，把拳套放下，這是不妥當的。前輩楊澄甫先生、我師郝月如先生都是第一流太極拳家。功夫出自家傳，推手技術，極為精能。但楊先生生年只有五十四歲，郝師生年只有五十九歲。楊先生年過五十時，身體就極肥胖，顯然脂肪長得太多了。郝師是由腳氣病逝世的。如果病因一起，及時發覺，是可以運用內功對治的，但郝師卻沒有這樣做。這都是偏重於技擊，忽略了養生的缺點。他們在晚年有一相同的情況，都是只與人推手擱下了拳套。這對本體感受性反射與運動反射，雖然能保持高度的靈敏性，但對機體各組織與內臟器官缺乏深細的遍及的日常鍛鍊，就不能常保各組織與各器官的全部健康，內部感受性反射也就會不大敏銳，大腦皮質調節控制內部器官的能力也就會不夠強。所以他們的技擊功夫雖好，仍不能延年益壽。我們不該用迷信的命定論來解釋，說是「死生由命」，「壽數難移」。應當從他們的環境和生活情況來研究。他們壽數不大，自然還有其他原因，但在太極拳練法上確有偏向，是我們應該重視的一個問題。

二、特點

1. 太極拳的特點在外形上就很明顯。

一般外功拳要有昂首挺胸、糾糾勇武的氣概；太極拳要「提頂、收臀、鬆肩、沉肘、含胸、拔背、裹襠、束肋」，表現為一種平靜安舒的神態。一般外功拳要做剛強迅捷的活動；太極拳卻要活動得「鬆、慢、圓、和」。這是一望可知的特點。

2. 這樣的姿勢是有其特殊意義的。

提頂、收臀、含胸、拔背，是提起精神、氣沉丹田，使呼吸深細的主要練法。加上鬆肩、束肋，能使肺活量和肋骨的呼吸動作範圍擴大，也為腹壁肌和膈肌對深細呼吸活動的配合，造成有利條件。沉肘是保證兩臂轉動時尤其是兩臂上抬時，鬆肩、束肋的姿勢不受牽掣破壞；同時，它又是練成兩臂靈活，不受人控制的主要練法。裹襠是保證「收臀」做得道地的關竅；同時，又是利於運腰時穩定氣沉丹田的一個重要環節。這是互相制約而又互相助成的身法規矩，對練氣有巨大的作用。有種方法，以呼吸配合動作。據我的體驗，這是不必要的。只要拿準身法和操作的規矩，在操作時，身法能不走樣，內部之氣自調，深呼吸的功效就在其中了。練拳時要顧呼吸的配合，反而會分散拿準姿勢的注意力，使精神不夠集中。因為當初學時，架勢與路子還不熟練，來不及顧呼吸，強求配合，或生流弊。到架勢與套路熟練後，又要注意到進一步掌握姿勢與操作上的新條件，如

又要注意呼吸的配合，只能使動作拘滯，犯了武禹襄所說「在氣則滯」的毛病。因此，我是主張不斷地在姿勢與操作的精確上講究練氣，而不主張有意用呼吸來配合。至於另外做一種深呼吸運動，那就不是練太極拳的問題了。

關於在姿勢與操作的精確上講究練氣，還須作進一步的說明。姿勢的八項規矩與操作的四項準則，是以加強運動系統與神經系統的精密感受性反射為基礎的。由此促進呼吸系統機能的提高，從而促進循環、消化系統機能的提高。反過來更增進各系統的器官組織對養分的吸收，使器官本身增進健康，得到改進，在各器官組織改進的過程中又得到提高。如此一環扣一環，相互推動向前。所以經久練去可以延年益壽，長保肌體旺盛，富有工作能力。

據武禹襄所傳，姿勢共有十個規矩，提頂、收臀等八項，是以穩定為主的姿勢，上面已有說明。還有「騰挪」、「閃戰」兩個規矩是穩定與活動相兼的姿勢。「騰挪」是指動步和站定都要分清楚虛實，全身只許用一條腿來支持。「閃戰」是指每個架勢變動時，整體的活動和各部分的筋節肌肉活動相結合呼應。這和外功拳中的騰挪閃展有所不同，並不用大閃大避、翻騰跳躍等形式來實現，而是在不大顯著的變動中作轉換。同時要使八個姿勢（即提頂等）盡合規矩，在變動中不走樣。所以「騰挪」、「閃戰」雖然也歸入姿勢內，它又是聯繫八項規矩四個準則的紐帶。騰挪與裹襠結合，做到下肢動得圓勻，這就能使腿肌鬆柔，下肢輕靈，步法敏妙（下肢能鬆，功夫才進入高級的程度）。閃戰與束肋結合，做到胸腰動得極其自如，這才能使全身和上肢，處處能做協調的隨意轉動。總之，十項姿勢的規矩，個個互相聯繫，互相助成，合為一個完整的姿勢，所以才能表現複雜細緻連綿的鬆、緩、圓、和運動。

3. 這樣的動作，也是有其特殊意義的。

王宗岳《太極拳論》說：「察四兩撥千斤之句，顯非力勝；觀耄耋禦

眾之形，快何能為。」這指出了太極拳的技擊特點。要達到這一目標，必須精確地掌握物理力學的規律，精緻地養成生理反射的機能。由隨意運用自身的力，進到隨意運用對方的力。這樣技巧的練成，一面要使自身運動系統的各個部分——肌、腱、關節的協調共濟動作進入自動化；另一面對外力的動機（即對方起意要動的一剎那）、動向，清楚地感覺到。這才能在符合客觀情況下，充分發揮主觀能動作用，把對方的力，用得像自己的力一樣。這是以少力勝多力（四兩撥千斤），以寡弱勝眾強（耄耋禦眾）的基本理法。十項姿勢規矩、四個動作準則，就是從實踐的經驗中，認識了物理力學的規律與生理反射的規律而概括出來的有效練法。把十項規矩、四個準則交織起來，使有定的法則，起無窮的變化，水準可以不斷提高，內容可以不斷豐富。

上面已經說過十項規矩，現在專談四個準則。四個準則，第一是「鬆」。鬆的作用，是使自己的身體各部分橫紋肌，能夠與意識一致，完全聽命於意識，在對待來攻擊的力量時才能迅速地分解之。

慢的作用，是為掌握姿勢正確，亦為深入鍛鍊運動系統的各部分內部組織，使關節、肌、腱能以微小的活動霎時轉換方向與集中力量。太極拳家說：「練得慢，用得快」，就是這個道理，這是有科學根據的。鬆與慢相合，柔在其中了，所以文裏不專談柔字。圓的作用是練整體活動的安穩靈活。

太極拳的圓，不僅是外形的圓，而且是外部與內部一致的圓。這就是形式要圓，氣機也要圓，是全身整個的渾圓活動中，包含著身體各部分與整個渾圓圈相應的許多複雜的小圓圈。有如一個大圓球包含著一連串小圓珠，一時俱在流轉。這才是太極拳的圓。外力一碰上，它就能在接觸之頃，將來力甩開。

李亦畬《走架打手行功要言》中說：「觸之則旋轉自如，無不得力，才能引進落空，四兩撥千斤。」這話能夠精確地說出太極拳圓動作的技擊

作用。其練法是在鬆和慢的基礎上不斷地提高起來的。

最後說到和的動作。和是前三種動作熟練到意氣融洽的階段，但造詣還是大有差別的。譬如達到《十三勢歌》中所說的「滿身輕利頂頭懸」是一種境界，達到《莊子・養生主》所說的「官知止而神欲行」又是一種境界了。總之，進入於和便將步步淨化，愈來愈精純，這是可以想像得到的。

四個動作準則，必先重視鬆慢，鬆與慢可以減少運動時體力的浪費，增加技擊運用時的緊湊與靈活；而且只有把四個動作準則做好，才能使十項姿勢生動起來。

不論為養生，還是為技擊，如果要深採力取，都要以嚴格地遵守姿勢的規矩與動作的準則為基礎功夫，而後進到渾化的。有些人只從形式上看太極拳，並未悉心研究，即下斷語，說太極拳只有養生作用，沒有技擊作用，這是沒有瞭解太極拳的特點。

三、展望

1. 太極拳的內容在任何一面，還有很多東西可以挖掘，挖掘得愈深，結合的方面也會愈廣。

現在已經和氣功等結合服務於醫療、保健。但是推手技巧還遠沒有趕上前人已經取得的成績。近代造詣深至的拳師，如楊少侯、楊澄甫、郝月如、孫祿堂諸先生都說功夫沒有趕上上一輩。這話並不是故作謙虛，給老一輩誇張，而是有事實可證的。

世傳楊露蟬與董海川同遊，海川精八卦掌，嘗手取飛燕以與露蟬，露蟬伸掌接之，燕在掌上不能飛起。因露蟬掌上感覺極敏銳，不使燕足踏穩，所以不能借力聳身舉翼。傅鍾文曾記其事。又郝月如先生說，武禹襄、李亦畬、郝為真皆能於推手時將對方擲出丈餘，坐於一椅之上，其椅四面皆空，一無靠著，而竟不傾倒。此種功夫，並非不可做到，只要依法

久練，自然得心應手。但近代名手與現代專家都未達到。可見推手技術，還須急起直追，先把前人已有的技能趕上，再進而求超過他們。這並非幻想，只要一面吸取前人用過的方法，一面憑著新的科學理論來指導，創造新的教練法，打破異人創造的迷信，打破一代不如一代的錯誤觀點，這就會取得後勝於前的成績。

2. 我們對太極拳的研究，要從多方面進行。

從生理測驗、醫療實施、角技運動等各部門取得材料，進行理論的研究。要從搜集遺文傳記，鑒辨史料，去偽存真，進行歷史的研究。要在辯證唯物主義的理論指導下，結合歷史進行技術的實踐研究。還可以結合其他運動項目（如籃球、乒乓球等），其他專業（如針灸、按摩等）發揮它的作用。現在雖然有了良好的開端，還未廣泛地、深入地展開。

以理論來說，我們一方面要重視前人的成果，從舊拳譜中闡發其精義（有人對舊拳譜的看法，以為只是原始的粗淺的東西，這是很大的錯誤。

其實舊拳譜言簡意賅，是豐富的經驗談）；但是另一方面，又不應受其局限，只在前人成績範圍內討生活，僅對舊傳拳譜作些說明，這是不夠的。以歷史來說，依據可靠的史料，經過分析，提出論證，作出論斷的作品，還是很少。沿繆襲誤，任意誇張，牽合附會，不究端末之說，仍在流行。甚至有人還竭力為張三豐、陳王庭創造太極拳之說辯護。另有人企圖不談太極拳的歷史，以為研究它並無用處。這是無助於學習研究，對發揮太極拳的作用沒有好處的。

以技術來說，我們要先求追上前人，然後再超過之。關於這一點，上面已經談過了。為了從實踐中來促進，我們必須做實驗。比如在體育學校中設置以太極拳為主課的專業課，以武禹襄、楊露蟬曾經達到的技術水準鼓勵學生。又比如：就同樣水準的兩個籃球隊，一個隊員加練太極拳（要用合於訓練技擊的方法來鍛鍊），一個不練太極拳，經過若干時間之後，試看兩隊的成績如何？另外如在摔跤、擊劍等項目中，也可作如此試驗。

至於按摩針灸醫師，都可從練太極拳與不練者中間作出療效的統計，互相對照，這樣才能得到科學的證明。

社會主義社會的新中國，具備了極為有利於學術研究的條件，黨和政府提出了百花齊放、百家爭鳴的方針，更成為任何一種學術蓬勃發展的推動力。太極拳的價值既經事實證明，在普及上已有空前的發展，在提高上也有良好的開端。我們可以在此基礎上不斷地展開研究，步步推進，使它更好地為社會主義建設服務。

一九六一年七月二十四日畢稿

太極拳淵源簡述

一、幾個基本概念

在談太極拳淵源之前，為便於說明問題，先提出以下幾個基本概念，並借此簡單地介紹一下太極拳（包括聯屬部分）的輪廓。

1. 拳套和打手

拳套和打手是太極拳的兩個組成部分。拳套是個人單練的整套架勢——如懶紮衣、單鞭等。打手亦名推手，是兩人對練的攻守法——如掤、握、擠、按等十三勢。

拳套有多種形式，但路線和架勢的名稱，大致相同。所不同的在架子的大小和手步各式的不一致。打手大體上有兩種程式：⑴定步打手，亦名

站步打手，兩人站定練習攻守。(2)動步打手，亦名活步打手，兩人走動練習攻守。有程式的攻守練到精熟後，脫掉程式，自由對角，這是散手。

2. 太極拳的屬性

太極拳是柔和型拳術，是在技擊術的基礎上吸取了導引術、靜攝術的精華融合而成的。所以兼有精妙的手搏作用與很好的健身、醫療、精神修養作用。

練太極拳套，要動作柔和圓滿，呼吸深細，著重在內臟安舒的訓練，特別是大腦寧靜的訓練。它和藝術型拳術，精悍之氣，見於眉宇，動作奮迅剽銳，著重肌肉強韌、關節靈活的鍛鍊，有顯著的區別。

柔和型拳並不止太極拳一門，但太極拳確是典型的柔和型拳，有人稱太極拳為內家拳，這是不合適的。但是說太極拳是內功拳，這是對的。內家拳的拳套架勢、歌訣與太極拳各不相關，不是一個拳門。內家拳也不是內功拳的同義詞。內功拳可以包括共同屬性的許多拳派，如形意、八卦，等等。內家拳只是一門拳術的名詞，其範圍遠比內功拳狹小。這是必須辨別清楚，不宜混淆的。

3. 聯屬於太極拳的器械

太極拳家除練拳套打手外，還練器械的單套和對打，以太極拳為基本功的器械練法，現在把它作為太極拳的附屬部分。太極拳家使用的器械，一般是單刀、槍、劍，其套子（包括單練與對打的）不盡出於太極拳門的舊傳，有的是採取別門中的。

4. 太極拳的派別

太極拳從形成一個拳派到今有兩百幾十年或三百年左右。在流傳過程中，又衍生了若干派別。其流傳最廣，影響最大的，有一脈相承的陳、楊、武（郝）、吳、孫五派。五派的拳套打手，器械的單套與對打，有同有異。從它們的相同處，可以看出其一脈相承的傳統關係；從它們的不同處，又可以看出其分派的標誌及發展的趨向和規律。

二、太極拳形成的時代及其主流

我國的技擊、導引、靜攝術，在遠古早就有了。在戰國秦漢時，已成為專門技術。這是太極拳的遠源。但太極拳的形成，不過只有二百幾十年或三百年的歷史。有四點可以證明：

其一，明朝人有關武術的著作中，沒有提到太極拳，可見它的形成，不會早於明末清初。

其二，王宗岳至早不過是清朝康熙年間人（後面有論證），太極拳一名詞，在他寫的《太極拳論》上才出現，可見太極拳即使創造在王宗岳以前，也不會早得很久。

其三，明末清初王餘佑曾經用太極一名詞於刀術，稱他的刀術為「太極連環刀」。可能太極拳也在同時就有了。

其四，明末清初人山西姬隆風創造一門內功拳——形意拳。其理論與太極拳基本上一致。正可從旁證明，明末清初，是產生內功拳的條件成熟時期，所以太極拳也在此時出現。

太極拳是誰創造的？這還難於考明。曾經有一時期盛傳是元末明初張三豐所創造。這是把內家拳門傳說中的祖師拉了過來，是不合歷史事實的。又一說，在張三豐外，還有六朝時韓拱月，唐朝許宣平、李道子等創造的各派。這是出於捏造。這都是袁世凱的門客（給袁家看風水的）宋書銘所做的事。我在二十多年前已經揭發。現在已有不少人知道太極拳並非由張三豐等所創造了。太極拳不出於張三豐，是唐豪首先考明的。但他又把太極拳的創始者定為明末清初人陳王廷，此說也難於成立，因為反證頗多（另有專篇論證）。

據可靠的材料看來，王宗岳傳蔣發，蔣發傳到河南溫縣陳家溝陳氏。再從陳氏開出了楊、武兩派，楊家開出了吳派，繼承武派的郝家開出了孫派，這是淵源明確的。太極拳可能創造在王宗岳之前，也可能就是王宗岳所創造。王宗岳在傳授蔣發外，也會傳授別人。因此五派之外，還會有其他派別。但是流傳之廣，影響之大，只有此五派，這一客觀事實，肯定了五派是太極拳的主流。

三、主流五派

1. 主流五派的導源大師

王宗岳、蔣發是主流的導源人，有以下的證據：(1)王宗岳傳蔣發，蔣發傳陳長興，這是楊露禪的遺說。(2)王宗岳後傳至陳家溝陳姓，這是武禹襄的親炙弟子李亦畬寫下來的。(3)乾隆年間有個蔣把拾在陳家溝傳拳，這是陳家溝陳品三寫下來的。

三說匯合起來，正可互相補充，互相證明。陳王廷是明末清初的人，陳家溝有武術從他開始，這是事實。但是乾隆十九年所修的陳氏家譜上，還沒有提起太極拳一名詞，可見陳家溝舊有的拳術，不是太極拳。到乾隆十九年後才有太極拳傳入。王、蔣兩位大師的身份，王宗岳是知識份子，有他寫的《太極拳論》可以證明。蔣發是職業拳師，從陳品三文中稱他為蔣把勢（陳文原作把拾，是音近之訛）可見。因為在古代不是職業拳師不會得到把勢的稱號。

2. 陳派

太極拳傳到陳家溝，其拳套就有了兩個不盡相同的架勢，一是老架，另一是新架。陳長興是最著名的老架拳師，他生於乾隆三十六年（西元一七七一），曾親身受學於蔣發。他的兒子耕雲，耕雲的兒子延年、延熙，延熙的兒子發科，世承家學。

一九五六年在北京舉行全國十二單位武術表演大會時，發科曾參加評判工作，此後不久就去世。我所知道在那時從他受學的人有北京李經梧。與長興同時同輩的另一名手是陳有本，他改太極老架為新架。他的兩侄仲甡、季甡與陳清萍❷能傳其業。仲甡的兒子品三（名鑫）著有《太極拳

圖說》四卷（一九三二年在開封出版）。受學於品三的有其族侄子明，著有《陳氏世傳太極拳術》（一九三二年十二月出版，上海中國武術學會發行）及《陳氏世傳拳械彙編》（有一九三五年一月油印本）。這幾部書對太極拳理法皆有所闡發，也提供了一部分史料。

3. 楊派

這派開始於楊祿禪。祿禪名福魁，河北永年縣人。幼而孤苦，十歲左右到陳家溝謀生，經過三十多年，才回永年。後來由武汝清介紹到北京教拳，聲名漸大。清朝的端王請他到家當教師，教拳就成為他終身的職業。他的兒子班侯（名鈺）、健侯（名鑒）都居北京，亦以教拳為業。健侯繼

❷據《陳氏世傳太極拳術·陳清萍傳》「陳清萍為陳有本、張炎門徒。」不言清萍是有本子。據顧留馨著《簡化太極拳·陳家溝陳氏世系簡表》，以清萍為有本子。我未見《陳氏家譜》，姑不確定有本與清萍父子關係。（編者按：陳清萍是陳有本的族侄，不是父子）。

承家學，班侯曾從學於武禹襄，故楊家有種短架太極拳，與武派太極形式極相近。健侯的兒子少侯（名兆熊）、澄甫（名兆清）都以教拳為業。少侯兼傳班侯的短架。澄甫晚年的拳套極為舒展，這就形成了楊派的大架。有些直接從學於健侯的人，還保持著健侯的原樣，比較收斂，這種架子，被稱為中架。楊派在五派中流傳最廣。

楊家累世教拳，以澄甫的學生為最多。他於一九三六年逝世，年五十四歲。所著有《太極拳體用全書》（一九五七年經人民體育出版社刪訂出版），是一本比較精簡的著作。他的學生我確知其所在地者，上海有褚桂亭、傅鍾文，成都有李雅軒。他的兒子振鐸，亦能繼承家學。健侯的學生許禹生（名龗厚）著《太極拳勢圖解》（一九二一年北京體育研究社出版），對太極拳的理論和推廣太極拳都起過有益的作用，但也散佈了迷信的以偽亂真的有害東西。太極拳出於張三豐、韓拱月、許宣平、李道子等說，是由這部書傳播開來的。

4.武（郝）派

這派開始於武禹襄。禹襄名河清，永年縣人，清朝的貢生。他和兩個兄長——澄清、汝清都愛好武術。楊祿禪回永年後，禹襄和他結交，從他學拳，祿禪亦盡告以所知。他還不滿足，又到趙堡鎮（離陳家溝三五里地的一個小鎮）向陳清萍請教。澄清做舞陽縣知縣，在該縣鹽店中得到了王宗岳的《太極拳譜》。禹襄就按譜揣摩，並利用其社會地位，選力大身強通武技的人作為打（推）手的實驗對象。這就練出了輕靈精確的技巧。他傳技於外甥李亦畬（名經綸）、李啟軒（名承綸）。他的遺著有《十三勢行工心解》（或作《打手要言》）、《四字秘訣》等。他第一次改編了王宗岳的拳譜，插進自己的著作。這一拳譜也被楊祿禪所採用。至今楊、吳兩派還在沿用（有些變動增改，非盡原樣）。

亦畬著有《太極拳小序》、《五字訣》、《撒放秘訣》、《走架打手行工要言》、《太極拳譜跋》等文。他又一次改編了拳譜，又在王、武的舊文外附入自己的著作。武、李的作品確能闡明太極拳的規律，提供新知，把練法說得更具體，是一份珍貴的遺產。但《太極拳小序》中說楊祿禪不肯授技於武禹襄❸，這是對事實的歪曲，不免迷誤後學。這是門第之見在作祟。

亦畬傳近鄰郝為真（名和）。為真先為米商，晚年任永年中學武術教員。禹襄、亦畬都以教書為業，傳授限於至親好友，至為真傳授始廣。為真兒子月如（名文桂）、孫子少如世傳家學。因此武派又稱郝派。月如中年任小職員，到五十歲以後才以教拳為專業。一九三五年十一月逝於南京，年五十九歲。遺著有《太極拳圖解》（稿在郝少如處），從學最久的有張士一、馮超如，俱在南京。我於武術略知門徑，主要是受到月如師的教益。少如現在上海。

❸ 陳子明在《陳清萍傳》中也採用了此說。

5. 吳派

這派開始於全佑，全佑是滿族，他的兒子艾紳，另一姓名為吳鑒泉，所以人稱為吳派。全佑本受學於楊祿禪，後又師事楊班侯。他善於柔化。他教的學生不多。鑒泉繼承家學，後又受教於宋書銘，所以吳派有「小九天」等拳法（宋書銘偽造歷史，必須揭穿，他的技術上的成就，仍可吸取）。他以教拳為業，學生甚多。吳派流傳之廣，僅次於楊。

鑒泉於一九四二年八月在上海逝世，年七十三歲[4]。他的學生徐致一著《吳式太極拳》（一九五八年七月人民體育出版社出版），是有助於研究吳派太極拳的參考書。鑒泉的學生在上海授拳甚久者，有趙壽村。

6. 孫派

這派開始於孫祿堂。祿堂名福全，河北完縣人。先習形意、八卦，辛亥革命後四、五年，郝為真到北京，他才從學太極拳。因已精通形意、八

[4] 吳鑒泉逝世年月及其歲數的材料，是金仁霖提供的。

卦，所以學太極拳只一個多月，就得其要領。所著《太極拳學》（一九二四年出版於北京）於練拳時的姿勢動作說得很詳細，書中強調養生治病之功，實為有益之言；發揮中和空靈之旨，亦皆出於心得。惟蔓引河圖洛書、附會神仙，是其疵病。較論得失，瑕瑜互見，此有其時代關係，應當批判吸收。現在此書已不易得（《太極拳學》改錄於《孫祿堂武學錄》中・大展出版社出版）。他的女兒劍雲編成一本《太極拳》（一九五七年九月人民體育出版社出版），約略可見孫派太極拳的概況。祿堂於一九三三年在完縣逝世，年七十二歲。

他的傳人有兒子存周，女兒劍雲。他的學生也很多，一般是兼傳三門——太極、形意、八卦。幫助他著書的，有蘄水陳微明（名曾則），東台吳心谷。其他知名者有李玉林等。

四、五派的異同

1. 五派異同，先從拳套談起。

五派的套路與架勢名目大體相同，在各個式子的動作和拳套的整個形式上就有不同。詳細較論，過於繁冗，約舉其特點如下：

陳派多用低架，甚柔而沉，運動量大，又有「二起腳」、「擺腳跌岔」等難度動作，於青壯年為宜（老架新架就其共同點說，不再區分）。

楊派和平舒展，穩定空鬆（就大架說），但在運用上仍能發強烈之勁。這就是楊澄甫說的「柔中寓剛，綿裏藏針」。這派學之不難，探之頗深，適應泛寬，所以流傳最廣。現在最通行的簡化太極拳、八十八式太極拳套，都是以楊家大架為基礎的。

武（郝）派拳式緊斂，極重輕圓，要逐步從輕化圓化中練出精確的脆勁。練法細緻嚴密，須耐性研習，湛思默會，方能有得。

吳派保持了楊家中架遺式，趨重靈敏活潑，宛轉多變，仍承楊派傳統，入手不難，所以流傳亦廣。

孫派短架，體勢未離武式，卻於輕鬆之中，含有精剛之致。祿堂於形意、八卦，功力極深，融合太極，遂能自成風格。

至於有益強身，各派所同；用於療病，可以按具體情況，選擇應用。

2. 其次略談打手。

陳家稱打手為擠手。據《陳氏世傳拳械彙編》載，擠手練法如下：

甲、定步擠法：⑴順步；⑵拗步。

乙、換步擠法：⑴單步；⑵雙步。

丙、活步擠法：⑴顛步；⑵大攦。

基本上是站定與走動兩個程式，換步可歸納於活步。

楊派一般是三個程式：⑴定步；⑵進退步；⑶四正四隅（即大攦）。

吳派與楊派同。

孫派「打手之步法有四。有靜步——即站步也；有動步——即活步也；有合步——即對步也；又甲乙皆左、皆右均是也；有順步——甲（右）乙（左）甲（左）乙（右）皆是也。」（引《太極拳學》），惟破折號原書為括弧）除武（郝）派，各派都先練站步打手，然後練活步，熟練後便可解脫程式，進入散手。

郝月如先生教打手，卻只用進退三步半，換邊兩步半的一個活步程式。此後就是自由攻守。這是武禹襄以來的傳統。散手是以有程式的打手為基礎的。要熟於程式，敏於感應，到了一定程度，才能不拘程式而仍合乎力學的規律，並不是蠻打亂來。蠻打亂來，碰到懂勁的人（即敏於感應的人），只能挫敗，不會佔先。

3. 再次，略談器械。

陳家有槍、大刀、單刀、雙刀、雙劍、雙鐧、棍、棒、樸鐮等多種器械。槍法有三套，還有兩套對紮槍法，但不盡連屬於太極拳。其中可肯定連屬於太極拳的是四槍對紮。這種「四槍對紮」，其步法與活步打手的進退三步半完全相同。

武（郝）派的槍法（亦名「四杆法」）即是這一種。楊派的太極槍共有十三勢，其實就是以四槍對紮法為基礎，加上一些變化而成。武（郝）派還有一套「八槍對紮」，這是陳家溝就有的，但亦畬不曾寫上拳譜，可能因為它來自別門，不連屬於太極拳，所以譜中不載（這套槍法直到郝月如還會）。

另外見於李亦畬所編拳譜中的「十三槍」、「十三刀」（單刀）各式名目與陳家舊拳譜中的「十三槍」、「十三刀」大體相同，可見這也出於陳家溝所傳。楊、吳兩派無「十三槍」，有單刀，俱稱為「太極刀」，但與陳、武兩派的套路架勢全不相同。吳、楊兩家的單刀套路、架勢亦復互異。看來別有來源，不是太極拳門的舊傳。李亦畬改編的拳譜中，還有一套「四刀法」（或簡稱「刀法」），是對單刀的套子，未見於陳家舊拳

譜，可能由陳清萍所創編。

單劍套子陳家溝就沒有。楊、吳兩家各有一套，也不相同。楊家太極劍的前身是一套八十一式的「純陽劍」，這套劍被楊家改造成為太極劍，不過在一九一五年前幾年間❺。吳家的劍套，顯然也來自別的門派。據我友李劍華先生說，是就玄化劍的套子改編的。李係吳鑒泉的舊友，此語可信。孫派有武當劍及其對打套子，是孫祿堂、李景林合編的。現在武派也有了單劍的套子，是我編的。

五、後記

本文是拙著《太極拳史考》中的一篇。為便於簡略地介紹太極拳史及指出探究各派的線索，借此引起學者研習的興趣，繼續求進，不斷鍛鍊。治病於未病，保健於平時，才能獲得精神充沛，腦子活潑，提高思想，做

❺ 楊家太極劍的來源，另有專篇論證。

好工作的效果。所以先把這篇單獨發表。文中還有許多問題需要提出材料，分別論證，另作專篇，列於史考中。附帶說明於此。限於水準，或多謬誤，請閱者批評指正。

一九六二年四月四日

《洪門傳說索隱》

《秘訣》胚胎於《宗法》，《宗法》胚胎於《洪門拳譜》和洪門傳說。《洪門拳譜》的內容，已詳拙著考證，茲不贅述。這篇索隱，是為了使讀者進一步明白洪門傳說真相而作的。

甲、洪門宗旨及其所奉始祖

蕭一山《近代秘密社會史料》（以下簡稱史料）卷四所載倫敦不列顛

博物院編入的《先鋒對答》，述《洪門宗旨》云：「問爾來拜天地會欲作何事？答要反清復明。」反清復明四字，傳說中有一段神話，謂出現於五祖所獲的白定爐上，這當然是假託。

明太祖姓朱，以洪武為年號，故俗稱明太祖為朱洪武。史料卷一所載不列顛博物院編入的神主，題「大明天子皇帝歷代萬歲、萬萬歲位。」《洪門總圖》，其第三幅中洪武通寶，據平山舟《中國秘密社會史》第二章稱，此係黨人所用憑證，故以神主及洪錢來觀察，可見洪門所奉的太始祖朱洪英，就是明太祖朱洪武。所由改武為英者，因為他是一個驅除異族的英武領袖。

乙、洪門傳說與少林掌故

組織洪門者，不是知識階級，對於少林掌故，絕不能如此熟悉地假借唐碑中的記事來作附會。

開元十六年裴漼《少林寺碑》：「寺西北五十里有柏谷墅，群峰合沓，深谷逶迤，復磴緣雲，俯窺龍界，高頂拂日，傍臨鳥道，居晉成塢，在齊為郡，王允僭號，署日轅州，乘其地險，以立烽戍，擁兵洛邑，將圖梵宮。皇唐應五運之休期，受千令之景命，掃長蛇薦食之患，拯生人塗炭之災，太宗文皇帝，龍躍太原，軍次廣武，大開幕府，躬踐戎行。僧志操、惠瑒、曇宗等，審靈眷之所往，辨謳歌之有屬，率眾以拒偽師，抗表以明大順，執充侄仁則以歸本期。」古於人名，有時省其上一字，故裴碑稱王世充為王充。

武德四年秦王告少林寺教書云：「王世充叨竊非據，敢逆天常，窺覦法境，肆行悖業，今仁風遠扇，慧炬照臨，開八正之塗，復九寓之跡，法師等並能深悟機變，早識妙因，克建嘉猷，同歸福地，擒彼凶孽，廓茲淨土，奉順輸忠之效，方著闕庭，證果循真之道，更宏象觀，聞以欣尚，不可思議，供養優賞，理殊恒數。今東都危急，旦夕殄除，並宜勉終茂功，

以垂令範。」

教中擒彼凶孽，就是指寺僧擒充侄仁則。教中東都危急，旦夕殄除，並宜勉終茂功，以垂令範，就是指充被圍洛邑，勉寺僧繼續效命。

開元十一年《賜田牒》云：「僧等去武德四年四月廿七日，翻城歸國，其月卅日，即蒙敕書慰勞，敕書今並見在。當時即授僧等官職，但僧等止願出家，行道禮拜，仰報國恩，不取官位。」牒中翻城歸國，就是指擒充侄仁則。牒中敕書慰勞，就是指秦王賜少林寺教書。

據《舊唐書》載，世充之父本西域胡，史料卷五所載少林寺怨詩，中有「此係胡人西魯國」之句，可見洪門傳說的平西魯，是從王世充的身世與擒充侄仁則變出的。立功以後的不願為官，是採取《賜田牒》中僧等止願出家諸語而來的。

史料卷四所載的問答書，謂木楊城是「唐李世民所造」的，所以詩中有「唐王始立木楊城」之句。《中國秘密社會史》第三章，言三合會（洪門一名三合會）的木楊城，以木斗為之，上插旗幟，以參拜唐太宗為宗教儀式，即獻之於少林寺以為根據者。旗分五部，凡有集會均用之。可見史料卷一所載的碑亭，其所題「香李朱洪主」，李為李世民，朱洪為朱洪武，李朱都是驅除異族的英武領袖，所以洪門尊李世民與朱洪武為香主。

裴碑云：「大業之末，九服分崩，群盜攻標，無限真俗。此寺為山賊所劫，僧徒拒之，賊遂縱火焚塔院，院中眾宇，倏焉同滅。」洪門傳說中的少林被焚，就是從這一掌故中變出的。

史料卷二所載的《西魯序》，謂少林在福建福州府圃龍縣九蓮山。卷四所載的《稟進辭》，謂少林在福建福州府福田縣九連山。《中國秘密社會史》第二章天地會，謂少林在福建福州府浦田縣九連山。第四章哥老會，謂少林在山東。無名氏的《洪門秘書西魯傳》，謂少林在福建福州府盤龍縣九連山。洪門以福建為長房，唐王聿鍵監國於福州，故傳說中的少林，除後起的哥老會，一至謂在福建福州府。其縣名、山名係後來增入，

所以彼此不同。茲將縣名、山名製為一表，以示衍變。

九蓮山──福田縣九連山──浦田縣九連山
圃龍縣九蓮山──盤龍縣九連山
九連山
山　東

唐人所作《石淙序》，謂「少室若蓮」，袁宏道《嵩遊記一》，謂當地土人稱少室曰九頂蓮花寨，真少林中的登封少林，即在九頂蓮花寨五乳峰麓，山可稱寨，九蓮山為九頂蓮花寨的縮名，此為產生九蓮山這一本的由來。順治三年，清兵大舉入閩，隆武（即唐王聿鍵建國年號）倉卒出走，將至汀州，因曝龍衣停留一日，被執殂於福京，捕、圃形聲均近，此為產生圃龍縣九蓮山這一本的由來。九蓮山這一本傳到廣東以後，黨人因為該省有一九蓮山，所以改蓮為連，此為產生九連山這一本的由來。圃龍縣九蓮山這一本傳到廣東以後，黨人因圃字不得其解，又因該省有一九連山，所以改圃為盤，改蓮為連，這是產生龍盤縣九連山這一本的由來。九連山南連增城博羅，增城的東南博羅的西北有地名曰福田墟，廣東黨人改墟為縣，增入九連山那一本，此為產生福田縣九連山這一本的由來（與《考證》第十篇所云略異，今從此說）。山東哥老會黨人，熟聞九蓮山即九頂蓮花山，因沂水縣亦有一九頂蓮花山，所以改九蓮山那一本為山東，此為產生山東這一本的由來。

丙、洪門傳說與南明史事

洪門傳說的五祖，亦稱四房。史料卷四所載不列顛博物院編入的《先鋒對答》，詩中有「五房分派盡姓洪」之句，洪門以反清復明為宗旨，奉朱洪英為太始祖，可見所謂五房盡姓洪者，乃隱朱以為洪，猶之改武以為英是一樣的。太祖後裔抗清的有：福王由崧，魯王以海，唐王聿鍵與聿鐭，桂王由榔。五祖之數五，五王之數也是五，五祖是朱洪武即朱洪英之後，這是五祖影射五王的第一個證據。

史料卷首所載不列顛博物院編入的《洪門總圖一》，卷一所載的旗幟，卷二所載的西魯序，都說長房在福建，二房在廣東，三房在雲南，四房在湖廣，五房在浙江，這與唐王聿鍵的根據地在福建，聿鐭的根據地在廣東，桂王由榔的根據地在雲南，魯王以海的根據地在浙江，完全相符；福王由崧雖立於南京，但創洪門者認擁立的馬士英、阮大鋮是奸佞，清君側的左良玉是忠臣，所以就拿左良玉駐軍地湖廣稱四房。雖史料卷六所載不列顛博物院編入的傳帖，稱三房在浙江，五房在雲南，然根據地仍與魯、桂二王相合，並不出乎論證範圍以外，這是五祖影射五王的第二個證據。

史料卷五所載不列顛博物院編入的《五祖改名詩》，「本是大明富貴家，時常遭難有參差」之句，與五王的身世遭遇俱合，這是五祖影射五王的第三個證據。

史料卷五所載的《五虎大將詩》：「八面兵來五將當，誅滅夷人百千亡。」五祖之數五，五將之數也是五，可見洪門傳說的五虎將，是影射五王手下抗清諸將的。

史料卷五所載的《四大忠賢詩》，謂四人俱是「忠良，因此留名萬載香。」這是影射唐王聿鍵與聿鐭、桂王由榔、魯王以海左右輔弼諸臣的。

洪門傳說中的萬雲龍：其一，是影射無數萬在南明風雲際會中從龍殉難諸將士的。其二，是作為組織核心之大哥作典範的。

蕭一山《天地會起源考》（載史料卷首）謂「西魯序上說五僧五將祭旗興兵，經過浙江省，遇見萬雲龍，天地會的故事都在福建，獨萬雲龍說在浙江，恰與一念和尚的根據地相合」，所以他斷萬雲龍就是影射大嵐山奉朱三太子起義的一念和尚。查史料所載《洪門本底》（《海底》舊稱《本底》，黨人傳抄的底本），不盡言五祖在浙江遇見萬雲龍，可見其原來並不影射一念和尚的。

《天地會起源考》引雍正《東華錄》中清世宗語云：「從前康熙年

間，各處奸徒竊發，動輒以朱三太子為名，如一念和尚朱一貴，指不勝屈。近日尚有山東人張玉，假託朱姓，托於明之後裔，以此希冀蠱惑愚民，見被拿獲究問。從來異姓先後繼統，前朝之宗姓，臣服於後代者甚多，否則隱匿姓名，伏處草野，從未有如本朝奸氏，假託朱姓，搖惑人心，若此之眾者。」

史料卷二所載的《西魯敘事》、《西魯序》、《中國秘密社會史》第二章天地會，《洪門秘書西魯傳》，其假託的莊烈帝孫朱洪竹（一作竺，又作祝），就是其中之一，此為當時革命集團所採同一手段，以資號召的。五祖不是莊烈帝後，所以洪門於五祖之外，再來一個小主。

溫飛雄《南洋華僑通史》十四章，認洪門是陳永華所創的。他以為陳永華的不徑將滿虜入關、揚州十日、嘉定三屠等歷史，演為故事，而以荒誕不經、俚俗粗鄙的神話來宣傳，係著眼於下層社會。

他考證：鄭芝龍曾撤仙霞關之守備使清兵入福建，其後又為清兵挾之至北京，以鄭成功故，全家鄭氏被戮，故其創造該段神話故事，若經陳歷史，激勵忠貞，則於鄭芝龍之身份有關，且其部曲聞之，亦為刺耳，乃婉曲其意，敘少林僧人，拒退西魯，有功於清，無辜被害，妙在不即不離，若有若無，隱繪一鄭芝龍降清被害之影子，先團結鄭氏部曲，表鄭氏復仇之心理，然為鄭氏復仇之心理，又不能明白寫出，乃虛擬（其實是假借湊合）少林僧人一段故事，以激奮其非屬鄭氏部曲者，是以該會少林征西魯一段神話故事，謂為憑空虛構，絕非事實，一筆抹殺，似過武斷，然謂為實有其事其人，則緣跡求履，亦近拘泥，況當史地昌明之世，西魯在於何地？何時入寇中國？史無明文，虛擬可知。

故此段神話故事，乃以神話之體裁方式，描寫當時鄭氏之歷史：所謂少林寺者，指鄭芝龍一系與其部曲。征西魯有功滿清，是指鄭氏撤去仙霞關守備，令滿兵長驅直入福建。火焚少林寺，是指鄭芝龍全家大小，在北京被殺之慘史。

《天地會起源考》，以為「與其說少林僧人有功於清而被焚是影射鄭芝龍一系及全家被戮，寧說洪門中傳說的鄭君達是影射鄭芝龍的。因為：㈠姓名相近。㈡里居相近。芝龍是福建南安人（原注：清史列傳本傳），鄭君達說是福建廈門大咸美之地人（原注：史料卷二桃李劍敘）。㈢出處相近。芝龍起家海上，積功至總兵，因撤仙霞關守備降清，封三等子（原注：清史稿鄭成功傳）；君達則說是身居水軍都督之職（原注：桃李劍敘），以解餉功封為分州總鎮（原注：見史料卷二西魯序）。㈣結局相近。芝龍是龔鼎孳劾他：『家僕往來海上，信息頻通，請早除禍根。』遂全家被戮（原注：見清史列傳本傳）；而君達也以『與少林寺僧人結拜有謀反之意』的罪名，賜紅羅而死的（原注：見西魯序）。有這種種近似之點，已經不少了，但還有一條重要證明，就是鄭君達的妻郭秀英，被所謂遊方和尚亞七者，迫奸不從，投水身亡，謝邦行捉拿到君達處取治，君達不敢行刑，判斷事屬無定。邦行往報眾兄弟，將亞七斬首（原注：見《桃李劍敘》）。這傳說在洪門中雖不盡同，但郭秀英之死，是會內最重要的故事。而鄭芝龍的妻（原注：即鄭成功之母）不也是被清兵淫辱而自縊身死的麼（原注：事見黃宗羲賜姓本末）？芝龍也一樣的奈何不了清兵。小說中影射的故事，必有許多近似之點，令人模糊猜測，若隱若見。如果天地會的組織，係鄭氏部曲為芝龍復仇，則萬不能不影射一個人。我覺得拿鄭君達來比附，再恰當沒有了。」

溫、蕭二氏的考證，都有其立說的根據，著者認為可以並存而不悖。惟此僅就鄭氏家恨而言，若從洪門的反清復明來看，則所謂少林寺者，不啻指明室；火焚少林，不啻指滿清的亡明天下。

丁、洪門的創始時代

魏源《聖武記》：「林爽文者，居彰化之大理杙，地險族強，豪滑揮霍，聚眾不逞之徒，結天地會數十年。」爽文起事於乾隆五十一年，覆敗

於乾隆五十三年。故史料卷五所載不列顛博物院編入庚辛碑後的題語，謂洪門於雍正十二年改立天地為記，從林爽文的結會時期來推考，這一記載是有其可信價值的。

史料卷首所載不列顛博物院編入的《洪門總圖》，其第三幅中有一神位，題「開基結萬禪師」。卷四所載不列顛博物院編入的《先鋒對答》，其詩有「始產洪兒結萬人」之句，皆可證洪門未改天地為記以前，是用「結萬為記」的。照卷一所載不列顛博物院編入的金字旗詩，「結萬」二字應釋作結義萬姓，禪師云云，並非實有此僧。

故欲知雍正十二年未改天地為記以前這一秘密結社的革命運動，必須於「結義萬姓」上著眼，方能考得其起源。壬戌《福建通志通紀清四》與故宮博物院《雍正朱批諭旨》不錄《奏摺總目》，雍正六年任福建巡撫的常賚，曾經為了「臺灣棍徒拜把」那一件事，上過一本奏摺。史料卷五所載不列顛博物院編入的《會香詩》云：「今晚新香會舊香，桃園結義劉關張，若有真心來結拜，兄弟永久萬年長。」臺灣棍徒的拜把，這是證明洪門起於雍正十二年以前的一個重要證據。

史料卷五所載不列顛博物院編入的《飲血酒詩》云：「此夕會盟天下合，四海招集盡姓洪，金針取血同盟誓，兄弟齊心合和同。」故欲知雍正十二年以前這一秘密結社的革命運動，必須從其歃血訂盟，及起事歲月上著眼，方能推得其起源。余文儀《續修臺灣府志》卷十九《富祥》，稱諸羅劉卻，以拳棒自負。日與無賴惡少往來，歃血為盟。康熙四十年十二月七日作亂，越五日事平。卻走匿山藪，常晝伏夜出。康熙四十二年二月，擒獲於笨港之秀水莊。一個叛逆首領，能夠隱藏至一年兩個月，可見其聲氣之廣，與夫人心思漢，同情此等革命人物。洪門源出臺灣，以劉卻的歃血訂盟及起事歲月來考證，足徵其起於康熙時代。

林爽文覆敗以後，不到數年，黨人又復興天地會：據《天地會起源考》，謂其名見乾隆五十九年的《律例》。嘉慶年間，為了閩粵等省復

興天地會黨人的搶劫拒捕，遂修改舊例，加重其刑，事見嘉慶十年《律例》。以地域來觀察，這復興天地會與道光末年粵省起事的天地會，是有脈絡關係的。

故宮文獻館所藏《洪大全口供》云：「數年前，游方到廣東，遂與花縣人洪秀全、馮雲山認識。曾往來廣東廣西，結拜無賴等設立天地會名目。馮雲山在廣西拜會，也有好幾年。我是道光三十年十二月間等他們勢子已大，才來廣西會洪秀全的。洪秀全尊我為天德王，一切用兵之法，請教於我。」

咸豐元年粵督撫徐廣縉葉名琛奏摺云：「大凡會匪姓名，隨時更易，本無一定，且多冒稱朱姓，為前明後裔，並間有稱洪武字樣者，更可藉此為煽惑之由。」冒稱明裔朱姓，這是洪門的一貫作風。黨人以洪武通寶為憑證，所以間稱洪武，可見徐葉所指的會匪，即天地會黨人。

法人卡勒與伊凡合著的《中國叛黨起源考》，謂西曆一八五〇年六月十三日，即道光三十年六月五日，廣州北門貼有懸賞購取粵督徐廣縉首級佈告，末署天德二年六月二十五日，較洪秀全金田起義早一年。

蕭一山於《太平天國詔諭》中，考不列顛博物院編入的《大明統兵大元帥黃告示》，謂即《中國秘密社會史》第三章所稱咸豐二年佔據廈門的三合會黨黃威所發佈。告示中稱大明天德皇帝，末署天德癸丑四月二十六日，與康熙年間一念和尚起事時所用年號相同。《天地會起源考》稱：「《東華錄》載：康熙四十七年以前二三年，張念一（即一念和尚），奉朱三太子起義於浙江大嵐山，稱大明天德年號。」以天德稱號作證，可見洪門起於康熙時代。

羅爾綱《水滸傳與天地會》，謂康熙朝《律例》中處罰「異姓人歃血訂盟，焚表結拜兄弟」的謀叛未行罪，是對付天地會而發的。拿清代的叛逆成案來考察，這一《律例》雖不專以洪門為對家，但洪門的蔓延最廣，組織最嚴，主要在對付洪門，這是毫無疑義的。據《大清律例增修統纂集

成》所載世祖序文、聖祖上諭、三泰奏疏以觀，清律刊於順治三年的名《大清律集解》，係取明律參以清制所編成，其時律中尚未設例，洪門亦未產生，故無關係。刊於康熙十八年的名見行則例，於定律之外，復設條例，如果見行則例即已刊載羅爾綱所舉這條，即過去一定屢屢破獲這類案件，故沒此例鎮壓，由是可見洪門當起於康熙十八年前。

史料卷四所載不列顛博物院的《通用問答辭》：「有人問你乜時辰出世？答我甲寅年出世。」查與洪門有關的甲寅有三：乾隆甲寅，係《清律》對付復興天地會的那一年。雍正甲寅，係洪門改立天地為記的那一年。康熙甲寅，係洪門創始的那一年。洪門創始的那一甲寅，即鄭經攻襲閩粵這一年，《南洋華僑通史》推定洪門為陳永華所創，此亦可為佐證，否則無如此巧合。

《續修臺灣府志》卷十九菑祥，謂永華的父親以廣文殉難，其國仇家恨與鄭所抱者同而為正志稱永華：「遇事果斷有識力，定計決疑瞭若指掌，不為群議所動。功常語其子曰：吾遺以佐汝，汝其師事之。成功既沒，鄭經繼襲，以永華為參軍。慨然以身任事，知無不為，謀無不盡，經倚以為重。逮耿逆以閩叛，鄭經乘機率舟師攻襲閩粵八郡，移駐泉州，使永華居守臺灣，國事無大小，惟永華主之。」

臺灣近清之南，即命名近南的由來。鄭經部下與洪門軍師身份相符者惟一陳永華，故《南洋華僑通史》，認洪門中的陳近南，即永華自謂，這見解是不錯的。史料卷四所載不列顛博物院編入的《通用問答辭》：「問洪花亭誰人在此？答陳近南在此。問在此做乜？答在此教洪家兄弟。」此可證最初的組織細胞，係陳近南即陳永華所訓練。

卷五所載不列顛博物院編入的《總結洪門七十二底詩》有「開基天地陳南祖」之句，此可證永華訓練一批人員，混入閩粵各地結會，於事前刺探敵情，於臨時策應作戰，猶諸現在的第五縱隊，在軍事方面是有其重大作用的。清廷因為鄭經攻襲閩粵的五年間，飽蓄此種苦痛，所以定出這條

謀叛律例來加以鎮壓的。

洪門的創始時代，主康熙十三年甲寅的，為徐珂的《清稗類鈔》、平山舟的《中國秘密社會史》、溫飛雄的《南洋華僑通史》、貴縣修志局抄本。主雍正十二年甲寅的，為荷人Schl gel的天地會、英人Ward的洪門、蕭一山的《天地會起源考》。

考諸洪門傳說，這種主張都有矛盾點：如史料卷一所載不列顛博物院編入的《西魯敘事》，編入的《西魯序》，均謂西魯入犯係康熙甲午年，甲午後於甲寅四十載。而所稱清廷火焚少林引起漢人結會則係康熙甲午後事，這是主洪門創於康熙甲寅的矛盾點。雍正甲寅為十二年，而《西魯敘事》稱清廷火焚少林引起漢人結會，係雍正十三年事，這是主洪門創於雍正甲寅的矛盾點。

查史料卷一所載不列顛博物院編入的《洪門小引》，只言於甲寅年起義而不冠康熙、雍正字樣，拿前舉諸文獻考證，予斷此係最初的洪門傳說，故認康熙十三年甲寅創立洪門一說為正確。

（一九四一年上海國術協進會本）

《少林宗法圖說考證》

是書近由國術統一月刊社印行，據唐君範生跋，民國十二年曾在振民編輯社出版。自一章至八章各篇，大致與中華書局出版之《少林拳術秘訣》相同，其間篇目之不同，多寡之互異，已具唐君跋中，不多述。

唐君於是書，斷為清季拳家，假託少林，煽集革命志士，圖謀光復河山之作。以予觀之，此書乃輯合眾說而成，其史事之傳說，則與幫會有關。其取材則兼採南北各派，實以湘派武術為本，其文辭則直是民國以來人所潤色。

何以知是書乃輯合眾說而成？案《宗法・技擊入門次第法篇》中有

云：「般慧禪師習此二十餘年，遂能別立宗法，其用掌歌訣曰：氣自丹田吐，全力注掌心；按實始用力，吐氣須發聲。」（下略）此節之下有文云：「鐵齋氏曰：掌法先用指點入敵之咽喉部，再平掌按下，覺掌心正及敵人之心窩，而後放全力吐出。但吐出時須發聲一喊，令敵心房猝然受驚，則掌力始到妙處也。」是鐵齋氏言，乃申說般慧歌訣之意者。又此篇云：「鐵齋氏曰：未嘗練習者，虛力多而實力少，有直力而無橫力。」此誠哉閱歷有得之言也，為別一人讚歎鐵齋氏說之語。

又《身法示要篇》引鐵齋氏說，即繼之云，鐵齋為少林派之鉅子云云，此又後人述鐵齋事蹟之語。觀書中所引方外般慧、秋月、慧猛稱禪師，引俗家高練園、熊劍南稱先生，獨鐵齋稱氏，則此編最初必為鐵齋氏之藏本，稱鐵齋氏曰者，即其所加之按語，鐵齋氏後又有人加以贊述，足見此書之輯合，不出一手，其證一。

《宗法》卷末，有「洛陽李鑒堂曰：以上不過略就尋常稱謂稍為釋之，其餘從闕。或問此中之名稱，有近似者，亦確有至理存焉者，至於踏丹田氣海稱踩太極，未免名不副實，此何意也？余曰：以名實而論，其中不副者甚多，不僅此一端為然，但以個中人多以此稱謂，已成習慣，沿襲既久，未能更易也。是編乃數百年前之舊抄本，魯魚豖亥，訛誤甚多，當是僅識之無之僧徒所抄謄者也。」據此，則《技擊術釋名》一篇，乃李鑒堂所作，其前各篇，乃李氏所得之舊抄本，足見此編原有舊抄本，李氏復附入己作，其證二（所謂其前各篇文辭，並不與今所見之《宗法》盡同，緣今之《宗法》，又經李氏以後人修改潤色，絕非李鑒堂所得時之面目，此說於下詳之）。

何以知史事之傳說與幫會有關也？按《秘訣》、《明季少林之變派篇》中云：「考少林之技術，雖自朱明鼎革以後，得故老遺烈為之發揮光大，始克成一種完全無缺之術；然其日就式微，有一蹶而莫能振者，亦由於此。蓋以少林為明室故老逋逃之淵藪，至滿清康、乾間，已漸為人所聞

知，試觀少林寺之兩次焚毀，僧徒死者數百人。」下有注云：「斯時國內有兩少林寺，一在中州，一在閩中。」所言明代遺民志在復漢，及清帝焚南方少林寺之說，此乃紅幫中相傳之故事，見於日本人平山周所著之《中國秘密社會史》（手頭無此書，不能徵引，只得略言其意）。此書所言拳術，實以湘派為本，湘中既為紅幫盛行之地，其拳家則幾乎皆稱少林派。紅幫起源，本與明室遺老有關，而幫會中人，復多通識武技，然則此派少林拳史事之傳說，當由武術家之在幫者所演成也。又紅幫以湘、黔、蜀、陝、鄂等省為盛，而此書所述拳派，常及此數省，是亦一證也。

何以知其取材雖兼採南北各派實以湘派武術為本？按書中所言地盆、十八手、五拳等，最與湘派相合，其所述吞吐等名稱，亦與湘派少林合。《秘訣》、《拳法歷史與真傳》中按語謂：「李氏之棍係單頭式。」在《明季少林之變派》中，又極稱單頭棍之善。湘派少林亦重單頭棍，觀《武術匯宗》述自然門口訣云：「吞身如鶴縮，吐手若蛇奔。」又謂自然門器械為單刀及單頭棍。自然門即湘派少林之一支也，吾友劉協生先生為湘中少林名手，其所練之羅漢功與十八手極近，其五拳為龍、虎、豹、鶴、猴，與此大同小異，皆可證明。

又書中述湘派而外，於江西關中二派所取較多，其中述江西派鉅子熊劍南先生之秘傳遺語（見兩本中第五章）者有兩段，述關中派高灤園之說凡有四處，述高氏事者有二處（此據《秘訣》而言。《秘訣》述高氏說者：㈠見《技擊入手法》。㈡見《通行裁手法》第一節。㈢見第四篇之第二節。㈣見《神功說》引三原高氏語。述其事者：㈠見《通行裁手法》之第一節。㈡第十篇《南北派之師法》中第一節。書中引高灤園說處，雖未言其為陝西人，但以《技擊入手法》中述高灤園言掌法云：「拇指須緊貼掌緣……前四指亦須緊排平直」，此篇掌法中言南北掌法之異，謂北派多四指緊排，拇指屈貼掌沿，南派般禪掌，則鉤四指如鷹爪，是可證高灤園為北派陝西之拳，應歸北派，於此可證第四篇中所言余遊秦中，在涇源遇

一高姓者，以精於猴拳著聲關內外，及第十篇南北派之師法篇中陝人高某，及第十三篇中引三原高氏曰，雖皆不明言為高濼園，其實皆為高濼園也）。此外黔派、廣東、浙、皖、河南等派，亦有採取，然大部所言，皆湘派也。

何以知其文辭則為民國以來人所潤色？按《秘訣》、《五要說》有按語云：「現在光復大漢，已成事實，而強鄰環峙，侵奪頻仍，其痛更有十倍於亡明遺族者，願讀者更有所注意也。」此明明為民國時人語，足為民國時人潤色文辭之證，則書中用日本柔術之名，固無足怪耳。今更將《宗法》、《秘訣》兩本相參較，可見此書之最初輯本，蓋為清嘉、道以來武術家自托於少林派者之法門及口訣，即兩本中前七篇之文，特其辭當遠較《宗法》簡約，無論《秘訣》。

其第二次輯本，則益以《技擊術釋名》一篇，此八篇本，即今《宗法》及《秘訣》之胚胎。自《秘訣》第九至第十三篇，為《宗法》所無者，此當為尊我齋主人所裒集，然即此五篇，其來源亦尚非一處。至《宗法》中之圖勢，《秘訣》無之，則《宗法》之輯合者，又非尊我齋主人所為。此兩種並可謂之第三次輯本也，請遂證之。

按兩本中皆引高灤園說（《宗法》作高練園），高灤園即書中所稱關中精於猴拳之高氏，亦即《秘訣》、《南北派之師法篇》中李鏡源曾從受學之陝人高某，吾前已考明。李鏡源為道、咸時人，則高灤園當為嘉、道間人。又滕黑子及黎平胡某皆道、咸時人，則滕氏所師事之曹廷玉、胡某所師事之一貫禪師、一貫所師事之覺遠上人，亦必嘉、道間人。書中稱述高灤園、覺遠之說，足證其為嘉、道以來之遺緒。所稱慧猛、洪惠、般慧、秋月等說，亦當為道、咸以來武僧之緒論，其人非出偽託，其言亦皆有來歷，觀於洛陽李鑒堂語（《秘訣》略同，而不著李氏名），既自言《釋名》為己所作，又詆此編為僅識之無之僧徒所抄謄，可見李鑒堂前已有成編，其中多載僧徒之言，李鑒堂又附入一篇，故定八篇本為今《宗

法》、《秘訣》兩本胚胎。緣此八篇中除空論及述事外，其言練法用法口訣，兩本皆同也。

自第九至十三篇，既為《宗法》所無，且其間所採各說，復有與前七篇牴牾者。如前七篇中云：十戒之約始於圓性禪祖，後經痛禪上人稍為增易（見第二篇《五要說》之第五節）；至少林戒約微言，又言初創十戒者為覺遠，其牴牾者一。

又如前七篇中云：吾宗術法，雖創始於達摩，而推闡變化以臻厥大成者，則以圓性禪師為首屈一指（見第二篇《五要說》之第五節）；而十二篇中，又謂考斯術之源流派別，雖不能謂為達摩之創立，然自達摩師後沙門之以技擊顯者，遂不絕於時，其牴牾者二。

前七篇于《解裁手法》，謂現揮拳高舉，辟頭而下等四相者，可以不言而知為外家，是以外家為技術粗劣者之名也；而十二篇中則云：何以謂之內家？即塵世間普通之稱，如佛門之所謂在家出家是也。外家者：即沙門方外之謂，以示與內家有區別也（據《宗法・拳法歷史與真傳篇》之附述，謂外家之力，其來也猛，猛則多浮而鮮沉；內家之力，其來也若在有意無意之間，必抵隙沾實，而後全力一吐，此與《秘訣》十二章中所言內家外家之意義絕異，但《秘訣》於此文中，外家作俗家，內家作名手，或者《宗法》又為後來所篡改，故不引之），其牴牾者三。

至五篇中目為牴牾者：如《南北師法篇》，既以一貫為黎平胡某之師，胡某為道、咸時人，則一貫也清中葉人耳，而《明季少林之變派篇》，復謂粵中蔡九儀為一貫高足，九儀崇禎時以武科起家，為洪經略之軍令承宣官，此二說豈不顯相乖刺乎？觀此諸證，可知自九篇至十三篇，皆尊我齋主人所輯合，其來源又不出一處也。至《宗法》之圖勢與八篇輯合者，自必別為一人；其輯合之時，不知與尊我齋主人孰先孰後？要之，皆在李鑒堂本以後。故此兩種，皆第三次輯本也。

然此不過就其顯跡言之耳，其間經傳抄者及輯合者改易舊文，竄入己

語，又不知幾次。緣習拳者縱能下筆為文。於治學方法，校讎義例，固非所知也。《秘訣》與《宗法》八篇中文辭不同，其故在是。書中用柔術等名稱，其故亦在是。

考二書之出版，則《秘訣》在前，《宗法》在後，《秘訣》首篇開端云：「柔術之派別，習尚甚繁，而要以氣功為始終之則，神功為造詣之精。」此緣《秘訣》以《氣功闡微篇》始，以《神功說篇》終也。又其第十篇第十二篇中，亦言神功（第十篇述滕黑子節中，謂外工之練習，乃肉體筋骨所有事；而內功之修養，實性命精神所皈依。離而二之，則為江湖末技；合而一之，則為神功極致。第十二篇，略謂皖浙派技擊法，專力於神功呼吸之學）。至《宗法》既無第十三篇之《神功說》，書中又絕無述及神功處，首篇開端，文亦與《秘訣》同，疑此一段，為民國四年以後校者據《秘訣》竄入，或據《秘訣》改其原文。又《宗法‧裁解通行法》中，兩用「術語」（見第七法後注中）。《身法示要》中，亦有「術語」

二字（見第二節注），此二字民國三、四年間尚未見行用，《秘訣》於前兩用「術語」處，皆作「術家」，後一處《秘訣》無其文，則《宗法》此處，必為民國十二年出版時所改定也。

由上諸證，此書非一人一時所撰成，顯然可見。至此派擊術，所以稱少林者，蓋其始為僧徒所傳授，故書中多述某禪師某上人之言，僧徒尚武者，自明以來，少林即已著名，故釋子擅武技者，多自托於少林，即非釋子，亦以附於少林自重，今按之書中所述源流，絕不得與少林繫聯之跡，則其不可信決矣。

書中所載少林前後十戒，據《五要說》，謂前者出於圓性，後者出於痛禪；據《戒約微言》，謂前者出於覺遠，後者不言出誰氏，此由兩文來源不出一處，故有此歧異之說，吾前既言之矣。惟推尋前後諸文，覺遠之名屢見，必實有其人；圓性、痛禪則僅見此處，當為偽託。

前十戒之文，出於覺遠，容為事實，以其用意僅據釋門之常規，不離

僧徒之恒情。至後十戒乃含有種族主義，興復思想，自非幫會中人不敢出此。如戒約第二條，有每日晨興，必須至明祖前行禮叩禱云云，尤為幫會有關之鐵證（閱平山舟之《中國秘密社會史》可見，此間無此書，不能徵引也）。十戒何時人所立？已不可知，故《戒約微言》中，不言立戒者為誰，《五要說》中謂出痛禪上人者，蓋紅幫中人所假託，輯此書者，亦不過承襲其傳說耳。

今更將吾與唐君所見之異同一言：凡唐君謂此書所言之少林拳，只是依託，並非明代少林一派；又謂書中含有排滿復漢之意義，咸與吾所見略同。獨唐君謂此書為清光緒間人一手造成，則吾未能與之一致也。

正德學社述略

武進正德學社，始於民國九年八月。先是余嘗習南派拳術，苦其多跌撲，不甚好之。後於民國八年春，與濟南馬錦標交識，乃從受彈腿、查拳等。馬君時方授拳於江蘇省立常州中學也。當九年六月間，余與趙毅甫、陳研因兩君論拳技之有益於體育，宜力加提倡，兩君深以為然。其後又以述諸聞蘭亭、吳省方兩君，亦並贊同。時須惕庵、繆淦傑已從學於馬君。遂由聞、陳、趙、吳及余五人集議，發起正德國技學社。

推余任社長，主持其事，諸君並任名譽贊助，聘定馬錦標任教務主任，須惕庵任事務主任，諸君郁文任事務幹事，繆淦傑任教務幹事。以八月一日為成立之期。登報招收社員，於是入社受學者凡十餘人。其年旋請馬君兼任總教，聘梁德魁任教習。梁為山東日照人，其拳以太祖長拳及羅漢拳、螳螂拳為主，尤善演雙戟、鳳翅鏜、九節軟鞭。馬君之主要拳技為彈腿、查拳、滑拳、紅拳、炮拳五門，其器械則長於槍棒、雙鉤鐮槍、虎頭雙鉤、單刀等。十二月假雙桂坊清真寺後大場開表演會，馬、梁兩君於表演之時，各逞所長，觀者稱歎。

明年正月，第二班開始招收社員，入社者乃有廿餘人之多。是年五月，余就事於上海，須君惕庵猶在本地小學任課，乃與馬君商定，共推須君繼任社長，主持社務，須君固辭不肯就，最後決定須君改任副社長，主持常務，有要事商余而行。諸郁文改任事務主任。十一年八月，聘宋振南為教習。宋為樂陵人，其拳為批掛門，器械長於雙刀、大刀、三節棍。

十二年春，余辭滬事在家，德州鎮守使馬良在上海發起全國武術運動會，余議由本社發起舉行武進全縣武術運動會，選定代表赴滬參加，同人均贊成其議。爰即由本社名義通函各界，登報宣佈章程，籌備兩星期竣事。乃以三月某日，在城內公園開表演會三天。城中技擊家老宿有許鑒堂、吳丕顯；四鄉則有西港橋之王子彬、雪市巷之吳福增均來參加。學校參加者有省立常州中學、縣立第一小學、教會所設東吳小學等。總計參加表演者在百人以上，觀者每日約萬餘人。閉會後，諸運動員或為事牽率不能赴滬出席，乃公議由余與馬錦標及縣立第一小學拳術教員楊樸為代表，赴滬參加全國武術運動會。

是年夏，因經全縣武術運動會之提倡，入社者驟增三十餘人。聘許鑑堂任教習。許為武進人，其拳以南派少林為主，兼通北派槍法。方余之往滬參加全國武術運動會，得交濟南周峻山秀峰，秀峰為北京體育研究社教員，與許寵厚（禹生）、吳鑒泉、劉鳳山（彩臣）、程有德同來（程字海亭，八卦專家程廷華之子；許禹生為太極拳家楊健侯之弟子；吳為楊派太極拳家全佑之子；劉則全佑之弟子也），本習彈腿、查拳，與馬錦標同師，後在北京曾學太極於宋書銘，其拳架略同楊派，余因向周君學得太極拳架。是年夏，社員中有欲從余習太極者，是為本社以太極拳授受之始。

是年秋，余應江蘇省立工業專門學校之聘，往蘇州。十四年秋，余改應滬江大學之聘，復往滬。須惕庵又應松江某中學聘。乃改推諸郁文為副社長，陸寶齡為事務主任。又由同人議決，應請定董事，以謀廓展社務。乃函請名譽贊助聞蘭亭、陳研因改任董事，又聘社員須惕庵、許冠群為董

事，而余與諸郁文、馬錦標亦兼任焉。

十六年夏，余任邑中公安局長。同人議改組，將社名改稱正德學社，其組織設社長一人，副社長一人，下分武術、學術、業務、事務四部。國技專屬武術一部；以學術部主持文藝、考古、書畫等之研究；以業務部辦理古今書籍之流通，及出版等事業；以事務部辦理本社之總務。當由董事會議決通過。即由董事會商定，由余兼學術部主任，陸寶齡改任武術部主任，諸郁文兼事務部主任，須惕庵兼業務部主任，諸郁文辭副社長，議決副社長一席暫闕，請社員奚漢屏、蔣錫昌任名譽贊助。武術部仍設總教一人，請董事馬錦標兼任。先是教習宋征南已於十五年春北歸，本社武術教員有梁德魁、許鑒堂兩人。是時軍務倥傯，武進駐軍多至數萬，余與須、陸兩君皆無暇過問社務，雖身在鄉里，社務並無進展，惟加入之社員甚多，本期入社者凡百餘人。既而馬錦標以改就中央大學事辭總教，乃聘梁德魁繼任總教。

十七年夏，以首都設立中央國術館，將於各省設分館，各縣設支館，地方人士以此就商於本社。乃假縣立初中禮堂開表演會，冀得各界之注意，並邀請湖南祁陽武術名家劉協生參加表演。劉君為南派少林正宗，以曾在丹陽任公安局長，時方寓居丹陽也。劉君能以二十斤鐵錘繫繩挽擊胸背；又能屈兩臂，以兩肘節自相碰擊，觀者歎異焉。是年，請劉協生任本社董事。嗣縣國術館以無經費，未得設立。未幾，余又應中央大學之聘。須君恚恙日重，以是年十一月十四日卒。社務益不振。是年，請蔣裕森任業務部主任。

十八年夏，新進社員十八人，專學太極，由余指授。先是自九年至十六年，余居公園路，屋宇寬敞，故社址即設余家。自十七年春，余家遷居觀子巷，屋宇隘小，乃假青果巷佛學會為社址。自此本社學術、業務俱無形停頓，以社員中於學術鮮有興趣，而業務方面以基金不足，無從進展也。惟武術依然每期有人加入學習。是年，聘顧嶠若、趙縠甫為董事，袁

行洵為名譽贊助。

十九年以佛學會地址不敷應用，社址移設雙桂坊小學。先是本社幹事繆淦傑自十年春就事於上海，歷久未返，至是方歸武進，會江蘇省國術館函各縣教育局保送人員至省館訓練，武進縣教育局函商於本社，乃由本社函送繆君往省館受訓。歸後即由本社聘任為教習，並薦往縣立中學任國術教員。

二十年五月，總教梁德魁卒。二十一年夏，聘郝月如先生為總教。郝先生為河北永年縣人，其父為真，太極拳大家也。先生妙紹家學，熱心指導，是年夏到武進講授，從學者幾十餘人。

二十二年夏，郝先生不能親至武進，乃命其子少如到常代為指授，本社即聘少如為教習。是年夏，余又兼邀馬錦標到社指授，從郝從馬受學者各十餘人。是年秋，首都開全國運動大會，中央國術館亦舉行國術考試。江蘇第二行政督察區署時設武進，乃先舉行區運動會，聘余為國術比賽總裁判，所有一應關於國術比賽事宜，統由本社籌辦。

余乃推薦劉君協生為拳腳器械科評判長；馬君錦標為摔角測力科評判長；繆淦傑、許雲翔為拳腳器械科評判；陳逸、屠藹棠、常兆春為摔角測力科評判；諸郁文、蔣裕森等為幹事。中選出席者四人，拳腳科薛鍾宏，器械科何明源，皆武進人，本社社員也；摔角科吳福元測力科夏阿七，皆江陰人也。是年，社址遷設東橫街民生工廠。其秋，余赴大冶，陸寶齡又久已離武進。乃請蔣裕森、諸郁文對社務共同負責，又聘劉協生董事兼任總教，許雲翔任教習。

二十四年夏返里時，劉君既以事不克到武進，郝先生父子亦未至，同人推余兼任總教，余乃辭去學術部主任，請名譽贊助袁行詢繼之，一意整頓武術部事，冀於數年內有切實之成績。是時繆淦傑在公安局指導國術，許雲翔在省立中學任國術教員。余擬與各中、小學商洽，設立拳術一科，一面設法造就教練人才。請繆、許兩君於新進社員勤加指導，訂立學程，

編輯講義。並擬按期請專家到社教授，終以基金缺乏，各事難以實現。自後余復不常在裏，時以書函與諸同志相切磋而已。

至二十六年抗戰軍興，社中文件、講義遺失甚多，社中積有公款約五百元，由事務主任諸郁文經手存放，賬目由會計毛潤庠收掌。今諸、毛兩君並在武進，賬目全部失去，其一切章程等件亦不能盡憶。惟有武術部學則，尚存講義初編之中。今距抗戰軍興又已六年，此六年中以同志分散，生事牽率，無法進行。爰述本社設立以來二十餘年中事，俾我同志得審顛末。爾後宜如何策進，願與諸君共圖之。

（三十二年五月九日徐震述）

附錄一

武進正德學社學則

宗　旨

本社研習武技，旨在寓德育於體育，合學術於藝術。故功夫則鍛鍊與存養相兼，為學則體驗與理論並重。

信　條

㈠尊德樂義，尊賢容眾。㈡虛懷樂受，實事求是。㈢學須有恆，思須入細。㈣勿爭意氣，勿貪近功。㈤勿驕勿吝，學不厭，教不倦。

附錄二

本社歷屆總教表

第一期　馬錦標字雲甫，山東歷城人。

住社時間：民國九年至十六年。

第二期　梁德魁字偉臣，山東日照人。

住社時間：民國十六年至十八年。

第三期　郝文桂字月如，河北永年人。

住社時間：民國二十一年至二十二年。

第四期　劉世傑字協生，湖南祁陽人。

住社時間：民國二十二年至二十四年。以本社董事兼任總教。

第五期　徐震字哲東，江蘇武進人。

住社時間：民國二十四年至二十六年。以本社社長兼任總教。

太極拳大師——永年郝公之碑

中華民國二十有一年冬，月如先生命震銘其先人之墓石。震以習太極拳日淺，未燭奧旨，不可遽為。越一載乃敘而銘之。

公諱和，字為真，永年郝氏。為人敦厚強毅，體長而鴻，容貌溫偉，出言高朗，其聲欲然。有大度，與人交豁如也。先是永年武禹襄篤好太極拳，聞其傳自河南懷慶府，即往訪其尤精者，得趙堡鎮之陳清平而從學焉。歸，傳諸其甥李亦畬。公始從亦畬學，僅得粗跡。歷六載，農力❻不怠，奉事敬謹。亦畬曰：「可謂誠篤也已。」乃授之真訣，殫極精微，自此發悟，日月有獲，能置椅尋丈外，無所依傍，投人安坐其上，屢試不一蹉跌。又能手攝壯士，使梟兀彳亍❼，不能自主，有如擊鞠。嘗觀劇，見鄰童被擠，涕泣號呼，亟排眾人，掖置身前，環兩臂翼蔽之，眾湧激若潮，屹立不少動。曲終人散，顧視足下，磚悉裂矣。永年羅建勳者，矯健多力，能超登廈屋。挾其技，踵門請角，公笑許焉。動作勢疾進，公從

❻「農力」出《左傳》，即努力之義。

❼「彳亍」音彳ˋ ㄔㄨˋ，意思是「走走停停」。

容如平時，逮其近身，振手觸之，動如飛鳶跕墮，起而謝曰：「真神技也，吾不敢再試矣！」清河葛老泰精八方捶，授徒千餘，聞亦畬名，請師事。亦畬使從公，泰不愜也。亦畬知其意，命相搏。甫合，公遂擎泰膊。泰臂不能脫，足不能移，身不能轉，呼曰：「釋我！釋我！」公曰：「能動乎？」曰：「不能矣。」乃釋之。泰自此心服，且命其子順成來就學。凡公服人多類是，故負者亦無苦。夫其能致此者，要以虛靈為體，以因循為用，其功在動以習靜，而靜不撓乎動；靜以處動，而動不離乎靜。其法始於守中，中於行氣，歸於凝神致虛。其道合於莊子之依乎天理，乘物遊心，故遺物而無弗順，官知止而神欲行也。

民國初載，公遊北平。北平時為國都，名拳師咸萃。蒲陽孫福全習形意、八卦數十年，年逾五十，久負盛譽。聞公至，亟迎至於家，自列為弟子。都中有願委贄而不得者，乃至歸怨孫氏，曰：「胡獨擅其便，令吾人不易進見耶！」其為人向慕如此。常語弟子曰：「亦畬先生短小而弱，吾終不能敵，知此術之妙，不在稟質強弱也。亦畬卒未幾時，吾即追及之，知有生之日，固有進無止也。」又曰：「自始悟暨於有成，走架之境凡三變：初若植立水中，與波推移爾；功稍進，如善游者之忘乎水，足不履地，任意浮沉爾；又進，則如行水面，飄飄若凌空焉。」又曰：「方走架，必精神專一，若有敵當前也；及遇敵，又當行所無事，如未曾有人也。」然弟子承指授拳不能久，故莫能竟其術。卒賴月如先生紹述家學。

武、李為永年世族，禹襄、亦畬皆儒生，不輕以拳技授人。公弟子雖多，猶持貿遷穀物自給，終不受人贄幣。中華民國九年十一月卒，實生於有清道光二十九年，年七十有二。祖諱某，父諱永安。妻蘇氏，生子曰文勤、文桂。繼妻王氏，生子曰文田、文興。孫三，曰慎修、曰孟修、曰承修。武禹襄名河清，李亦畬名經綸；文桂即月如先生也。銘曰：

弁術之奧，通乎攝心，實契於道，淵兮其深。粵有大師，懿茲郝公，乾乾六祀，明而未融。不易其初，仰鑽靡替，師用攸

嘉，爰告真諦。有聞斯行，程功蟬蛻，一洗底滯，洞然大澈。綿綿穆穆，反虛入神，萬變一貫，陰陽互根，動靜俱定，志一不分，應機必得，用之不勤。孰承公傳，公之仲子，克究克宣，載纘光美。念昔先人，思弘嘉遹，我聞有命，薦文貞石。

弔拳師郝君文

今日習拳者多尚太極，太極之理以柔靜為本，柔以舒其肌腱，靜以定其心宅；肌腱舒則動靜隨意，發力勁銳，心氣定則中能自主，遺物而不懾顧，此非易至也。其始必藉良師善為指授，撥正體勢，矯指違失，慎察幾微，求協於中，久而習與性成，則動而時中，故習者雖眾，達者蓋寡然。太極之名既盛，世俗拳師輒假以牟利，中無所有，大言欺人，而名利交至。其身處高位，自任倡率者，又不肯虛心研索搜求真才，徒蔽於先入，自以為足，遂使身懷絕技之士，不得一耀其長，顛沛困窮，以終其身，若郝師月如者，為可哀也。

師諱文桂，河北永年縣人。父諱和字為真，予嘗為撰墓碑者也。師早承家學，洞達淵微，見今世言太極拳者，每以偽亂真，精粹日昧沒，急欲發抉究奧，傳之其人，奔走南北三十餘年，而知者難得，或知之矣又不肯竟學。民國二十年至京中，始至人莫能識，惟江蘇張士一，陝西馮卓歎為絕倫。既寓居五載，先後從學者且三百人，然大都月餘即去，或數月去。惟張士一相從最久，其次為余，其次馮卓，又其次湖南吳知深也。師嘗語余曰：「少時體至孱，三歲首猶傾欹；賴習太極拳得以自保，年逾五十，已出望外，生死無所容心，獨惜此技至精至妙，懼其斬焉遂絕。今子與少如已有所得，吾願畢矣。」少如者，師之子孟修字也。然獨居京中久，生事日迫，見售偽者頗能致多金，亦不能無憤慨。

二十四年春，士一為揄揚，得授拳於中央大學。其年十一月有疾，竟

以三十日卒於都中，年五十有九。嗚呼！藉令其術大顯，心安體適，盡意講授，年豈遽止於斯？余始聞張士一言，即往受學，初亦不深信也，歷三月，則大服。自二十一年五月至去歲九月，師方許為庶幾焉。未幾余往湖北，相離且一載，今年秋見諸京中，因演拳請正，師稱善者再。余謂此時若常承指授，獲益可勝前十倍也。師亦歡笑。

別逾三月而凶聞至，傷哉！張士一、馮卓既經紀其喪，孟修將奉柩北歸，以明年某年某月葬諸某鄉之原。余惟耽樂此技，十有餘年，曾無隙之明，幸而遇師始得發悟，及師疾逝，而余羈身軍旅，不獲東行與執喪紀，追惟話言，宛然心目，乃為文以抒哀，執筆泫然，悲不自勝焉！其文曰：

超超者藝兮，忽忽者身。身終必亡兮，藝不可論。世有得喪兮，有約有豐。委骨歸土兮，孰為窮通？嗚呼！夫子藝之傳兮，志既償，流未廣兮，哀年命之不長。眙都門兮，惟余懷之，倀倀思授受兮，涕淫溢而沾裳。

故室吳夫人哀辭

故室吳夫人卒之三月，墓誌碣始刻成，既埋志於墓側，建碣於墓前，顧望蒼茫，惻然感悼，懷不能已，復為哀辭。

夫人為吾伯舅幼儒先生女，幼失母，十一齡喪父，而能婉順，自慎於儀。讀書之餘，隨尊屬為家事，煩而不厭，自其後母與諸叔父母無不愛之。伯舅無他子女，故吾外祖母尤極哀憐。吾母既賢之，乃請於外祖母而納征焉。將嫁，外祖母為具裝甚豐，親友饋遺又夥，夫人輒請省約，讓所受饋遺過半，而擇父遺書十數部攜以來。

時吾家正隆盛，而夫人略不為華靡，

承吉夫人
（1897－1944）

從先妣治事畢，即讀書作字，為吾寫所假書及詩文稿。後四載，長男熄生。又四載，吾家中落。先妣尋棄養，而吾好交遊，癖購書，不少變，負債不遽償，所獲不足贍家，夫人乃貿奩具繼之，而任事皆勞焉。及吾所獲少豐，夫人服勞如故，吾於家事，固一不過問。其間又遭先考之喪，且生兩女一男，亦時有任恤輸將事，卒能於十數年間盡償宿負，且略有儲積，則夫人之持家者可知也。

其教子女也，不為甚歡愛，亦無大斥責，言信行莊，示之習尚而已。故吾家子女皆知敬長樂群，不為奇服異飾，絕博塞之戲，薄流俗之所好，自幼聞見者然也。夫人讀書不多，而甚有識斷，能辨文章雅俗。遭寇難流徙，子女數載未就學，皆夫人於旅居中授書。

民國二十八年，余任教於武漢大學，至樂山，居城中一年，為避寇機飛襲，徙居於西郊。其地距城十五里，距鎮亦五里。凡購物，不至城中，必至鎮，鎮間一日為市。夫人入市，則挽兩大筐而出，及歸，置物必盈，徒步往返，冬不避勁風，夏不避烈日。方歸，置筐，不及休息，趣治炊。每日晚餐畢，繼以縫紉，常至亥子之交。晨則昧爽起，為早餐，食子女，俾及時就學。凡洗衣析薪，無不為，惟以日短為憾。初尚有長女雲上助之，既而物價騰躍不已，幣值益貶，困脆有加，長女遂出任教於小學，而夫人勞勩❽彌甚矣。

然常自言曰：「觀於耕獲，知農人之勤苦，為有大功於國家，吾儕視此滋愧矣。」吾常閔其勞，輒以此對。隆冬大寒，衣一舊縕❾袍，已不能溫，吾勸其加製一棉衣，堅不可。曰：「往者在里，步行未嘗逾十里，今則往返城鄉，中復迂道購物，一行即四十里，此固向所未能也，獨不可磨煉為耐寒乎？」居鄉三載，復徙城中。遷居時，以運重物，致咯血，血止，而服勞如故。再發，遂劇。

❽ 勩（ㄧˋ）勞苦。

❾ 縕（ㄩㄣˋ）古代以亂麻為絮的袍子，是一種粗劣的衣服。

臥病數月，歎曰：「疾不可為矣，奈何以累人耶？獨冀速死耳！」又曰：「吾昔侍後母疾久，母曰：『汝所以事我者至矣，身雖病，心滋愉也。』及侍先姑疾，其言復類是，吾以為此分所應爾，何言之悲也！今見汝所以事我者，然後知吾母與姑之心也。」

聞長男在渝，所遇多拂逆，屢言勿告以病狀。是以夫人卒，而滬初未之知也。始我軍禦倭於滬，吾欲以成婚時銀器犒師，夫人力贊之，即自取諸鉅重者合五六斤，親致諸縣黨部。卒之前一日，命長女致金約指於救國獻金會。

嗚呼！凡夫人之所為惟願自竭以為人，不蘄[10]鎦銖之報；惟恐心力之未盡，不顧身之不任；惟覺情意有未至，而不自覺其已篤也。其明於大義，無所歆羨，所以裨我者尤多。嗚呼，是固使余悲愴難釋者也。

[10] 蘄：通祈求也。

辭曰：

臨江流之回濴，撫高邱之墳塋；
野蕭蕭兮風淅淅，林有鳥兮淒鳴。
念丱⓫角兮同遊，諶式好而靡尤，
共悲歡於中歲，何偕出兮孤留？
痛之子兮善懷，泯一逝於異鄉。
思綿綿其永哀，日出入兮茫茫。

⓫丱：固患切，音ㄍㄨㄢˋ。束髮兩角貌。

雅確寓蜀文編卷五

武進徐震哲東甫著

第二部分

書信

章太炎致徐哲東信

十月六日有《與徐哲東論春秋書》，對自己治《春秋》的經過及觀點，作了極簡要概括：

《春秋左傳讀》乃僕少作。其時滯於漢學之見，堅守劉、賈、許、潁舊義，以與杜氏立異，晚乃知其非。近作《春秋左氏疑義答問》，惟及經傳可疑之說，其餘盡汰焉，先漢賈太傅、太史公所述《左氏》古文舊說，間一及之，其《劉子政左氏說》，先以刻行，亦間牽摭《公羊》，於心未盡慊也。

（《制言》第十七期，一九三六年五月十六日出版）

（一九三二年十月六日）

張士一致徐哲東信

哲東吾兄先生賜鑒：

《發微》、《新論》兩大作，早經拜讀。英煊世兄來，又承厚貺竹刻精品，感謝！感謝！只以生活環境日劣，教書及兼行政而外，柴米油鹽，須分內子之勞，讀書寫稿，幾成絕唱。囑為序文，久未招命，憾何如之。茲雖附奉，敬求削正。然在匆忙之中草成，過於簡短，有意未達，先以塞責。他日如有機緣，於尊著出版之前，再為一序加入，則幸甚矣。尊意以為何如？世兄道及樂山距渝較遠，頗冀尊駕能南下講學或就他席，俾得就近侍奉，以盡孝道。吾兄其亦有遷地之意乎？此間兩國文系，以在文院者為較可融洽，上學期亦有新聘之人，如張世祿等。兄若有意，似不妨向解公試作下學年之探問。子明兄來渝後，僅晤一次，未暇訪之，聞住處一切

均頗滿意。靜一兄離財部後，因住南岸，更難晤敘為憾。之遠法師宣化兩方（朝陽，中大），席不暇暖，然晤談之時較多，功夫亦始終不懈，雖忙而無倦容。弟對於此道亦從未懈怠，年齒漸增，亦愈覺其有益。兄造境必高，惜未能敘首細談，以資效法。拳藝一事，弟以獨學無友，已完全退至運動之境。間獲高足水亭、寶齡諸君來訪，縱談則又滔滔不絕，惜能耐嚴格之訓練者，實不易得，否則，弟技雖淺，亦尚可教成一個可用之徒弟。二三月來，水亭介紹一農民銀行職員任世鐸來學，每星期日或間一星期來習一次，尚肯用心，是否可以圓成，且觀其後。昔歐陽愈中師不談武藝，而肯傳授佛法，問其所以，則曰：「既有善者，何必再談。」弟最近亦頗有此感，並覺教功夫易而教拳難。因指點功夫費時甚少，教拳則費時極多，有時應付不過，殊覺苦之。吾兄在樂，從學者頗多，其繁忙可想，亦有十之一二，能得真傳者乎？其不值得教者，想兄亦有以拒之。然耶？否耶？窗下光線已暗，不盡欲言。即請道安！

弟士一手啟

一九四四年三月二十四日

張士一先生（1886－1969）
約65－70歲時攝

張士一先生是我國早期太極拳史的研究者，與徐哲東先生為摯友。抗戰期間二人避地巴蜀。1941年8月6日徐哲東撰寫《太極拳發微》脫稿，曾函請張先生作序。張因「生活環境日劣，教書又兼行政而外，柴米油鹽，須分內子之勞，讀書寫稿，幾成絕唱」（見張士一1944年3月24日給徐哲東的信），故為徐書寫的序文「傳道尚通俗，證道取精邃」之說，仍值得今天習太極拳者玩索有得。

張士一致徐哲東信

哲東吾兄：

兩獲手書，甚慰。因忙於系務，第一書未能即覆為歉。第二書到，遍尋《易筋經圖說》未獲。今日星期，徹底搜尋，乃於舊紙中發現，欣甚，即照所示另紙錄奉（注）。

兄當等待分發，深感如能在國術方面整理發展，實於祖國有很大好處。至於重返國文教學，目下此間未得機緣，南師此方面已均有人，且編制已逾定額，毫無可能。他校情況亦類似，惟弟素乏聯繫，不敢武斷。不過時已學期中間，課程都已安排就緒，不致添人也。

弟以年事關係，亦日感院系調整時所分配的工作，實非我個人能為國家出力而獲得最好效果之處。但欲有所調整頗非易易。自謂廢銅爛鐵，長此下去亦將爛成泥土，再無還爐熔化製成當前需用物品之可能矣。兄其何以教之？

最近認識華東藥學院（兼工學院）太極拳師陳濟生，雖未見其拳式，然從其談話中略知其來源。其所從師大概係楊露禪之徒孫輩。彼深不滿於楊澄甫等而極推崇郝派。弟以忙於系務，未能與之深入研究。兄曾知其人否？

兄分發確定後乞即賜示為感。書不盡意，即請

著安

弟士一手啟

一九五四年十一月十四日

注：

按此書與另一較大版本之木刻書均係先父晚年所命寶藏者，惟因抗戰中未攜另書，今已遺失。在川時曾在歐陽愈中老師處見其得自劉老師之

抄本，其中之圖一見即知為先父所傳之書。至於歐師之本，是否尚有其他材料為先父書中所無，則不可得知。當時歐師面告，此即劉師多年所練之功夫，可見其內容非常寶貴，惜已不可復得矣。歐師之子重光是否在戰亂中仍寶持此本，亦不可得知矣。數千年來我國練身養生方法的遺產大有可觀，整理發揚，配合近代體育理法，必能蔚為舉世尚未得有之科學體育方法與理論。兄能負此責任，欣慰奚如。

再《易筋經內經》，兄曾見過否？便乞見示。大著出版後當以先睹為快也。

徐先生摯友張士一先生七十多歲時在南京棲霞山千佛岩前留影

顧留馨致徐哲東信

哲東先生：

久疏音問，但思念之情，諒彼此同之也。上月，令高足朱福寶來滬，談及您對纏絲勁和抽絲勁的爭論，認為是名異實同，僅由於解釋的角度不同。果如此，基本上和拙見是一致的。

我去濟南參與武術賽裁判工作時，毛伯浩處長（武術科已改為武術處）談及纏絲勁的爭論，得到賀總支持，《體育報》將不吝篇幅；爭論中必然會涉及太極拳的技術標準究竟是

顧留馨先生約75歲時攝（1908－1990）

顧先生是國內外知名的太極拳專家，對拳史、拳理和教授法都有研究。他治學嚴謹，著述甚富，對太極拳的普及和提高作出了重大貢獻。

什麼，他知道您對太極拳理法有深刻理解，希望我轉告能發表意見。

我個人認為纏絲勁、抽絲勁以至郝為真老師說的「麻花勁」，都是形象地標出太極拳弧形動作中始終貫串螺旋形的獨特運勁方法，是區別於其他拳種的主要標誌。

生理上是由關節的伸縮旋轉（平動與移動結合），肌肉隨伸縮旋轉而同時出現一鬆一緊，一張一縮來行氣運勁。

技擊上，推手時粘著點做軸心運動的螺旋式的旋轉來達到即化即打（化即是發，發即是化）、捨遠就近的獨特作用。

因此，陳鑫說了「不明此，即不明拳（太極拳）」的話，陳鑫稱作纏絲勁，武禹襄稱「抽絲勁」，郝為真稱作「麻花勁」，都是指的一個東西。

纏絲勁的爭論，幕後是武術科李天驥先生挑起來的，因此我已向報社表示，應該先組織李先生的稿件，然後我也參與爭鳴。

您老如參與爭鳴，將受廣大讀者的歡迎，也容易得到結論。

匆此奉聞。致以

敬禮！

顧留馨

一九六四年九月二十六日下午

徐哲東致顧留馨信

留馨先生：

廉讓堂本太極拳譜，弟在抗戰前曾有此書，因留在常州，隨住宅被焚而損失了。所以李福蔭、李槐蔭的序無從抄寄。

弟久思致意與范生先生，因前幾日忙於寫自傳，最近自傳雖寫成，尚未謄出，還有急需整理的幾篇有關古典文學的稿件，所以致唐先生的信，

留馨先生：

康讓堂本太極拳譜，我在抗战前曾有此書，因留在常州，随住宅被焚而损失了。所以李福荫李槐荫的序无從抄寄。

不久回致袁与范生先生，因前幾月忙於写自传，最近自传虽写成，尚未謄出，还有急需整理的几篇有关古典文学的稿件，所以致唐先生的信，稍待略缓写寄，请先为致意。

我意武術的書籍在现在还是最可貴的，我也曾向中央体委会建議，以前出版过的比较有价值的武術書，应当与原著作人接洽印一些出来（或须适当的修改），请你与唐先生商谈时，先为提及。并且百家争鸣的方针已提出，唐先生也可以提起建議了。

只得略緩寫寄，請先為致意。

鄙意武術的書籍在現在還是最為貧乏，弟曾向中央體委會建議，以前出版過的比較有價值的武術書，應當與原著作人接洽印一些出來（或作適當的修改），請你與唐先生書時，先為提及。當此百家爭鳴的方針已提出，唐先生也可以急起建議了。

傳彩軒先生不幸去世，聞之非常悲痛。誠如尊云：「是攔手拳的損失，也是武術界的損失。」

弟本星期日（十四日）上午（九時～十一時）約定復大教授王欣夫兄在紅榴村晤談。先生如有興到彼，便可圖晤。否則須略緩再約。敝處電話是有的，其號碼為88214，不過須在辦公時間才打得通，接時也比較周折。

特此奉覆。順頌

健康！

徐哲東致顧留馨信

弟徐哲東上
一九五六年十月九日

留馨兄主任：

久不通信，至以為念。近日友人從上海寄來尊著《簡化太極拳》，一到便被此間幾位學太極拳的同志借去，目下正在輪流傳閱，連我自己尚未寓目。一俟讀後，如有鄙見，當即質正。

茲有談士琦同志現在上海自來水廠服務，曾從我學太極拳。對兄甚為欽仰。特介詣前，希惠接見。談同志收藏武術書籍極多，在研武術史上，頗可相資，並以奉聞。

五八年在京與范生兄見面後，不幸從此永訣。聞訊之後，深為傷悼。

范生兄所收武術資料極多，在外間所不經見者，其書現歸何處，是否由國家體委會接收？

郭永福的《長拳圖譜》至今未見宣佈。如已歸公家，兄可催促其印行否？武術界中很多人盼望早見此書，故以奉訊。馬金標先生諒當在滬，其住址便中請一詢。王老子平，蔡君鴻祥轉示為感。專此，即致

敬禮

弟徐哲東上

一九六二年一月八日

徐哲東致金仁霖信

仁霖先生：

得五月三日書並附大作《各流派太極拳在上海的發展簡史》，屢欲作

答，乃百事紛至遝來，迄今將及匝月，稽遲之歉，尚希見諒。最近西北民族學院要我為青年教師講古典文學，題為《談韓愈的文學》。所以在整個六月內盡全力趕寫講稿。另外甘肅省體委會又在大力開展武術。從五月到六月間連續舉行了幾次表演會。誠不自意頗獲過情之譽，遂引致多人來相講習，本來每星期日上午，定為與諸同志講習武術時間，近兩月間，星期日上、下午多有來者，晚間亦有人登門造訪。再加以近來精簡下放運動及民院調整班級等措施，開會也很多，幾乎把時間都擠光了。上海各機關中想來也不會空，先生的工作是否比前也忙了？

大札講述田兆麟先生到浙江一段情況，是太極拳傳到長江流域的極可寶貴的資料。我在四月間寄上的信中說：民國十七年三月間在南京一個戲院開表演會，始與田先生相識，他說南來不久，這樣寫確有錯誤。由於我腦子中存在著田先生是北京直到南京的印象，所以就這麼寫了。接到大札後，引起我再作回憶，原來我們見面時，是由一位李景林部下的副官（此

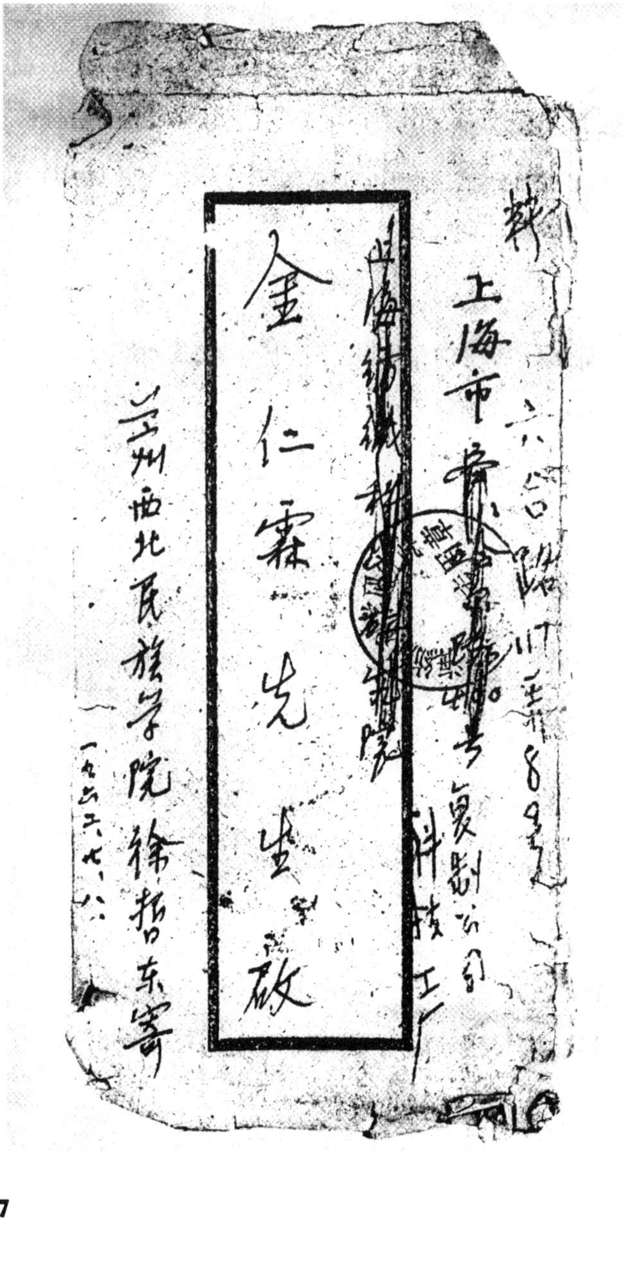
上海市六合路117弄8號
金仁霖先生 啟
蘭州西北民族学院徐哲东寄
一九六三、七、八

人的姓名我都想不起來了。我認識李景林的副官有三人，現在只記得一位叫李叔同）。他在介紹時說：這位是北京來的田老師。我和田老一打招呼後，就說：田老師是新近來的嗎？田老點頭稱是。因此，我就一直以為他是從民國十七年春季才由北京南下的。現在事情弄清楚了，這對我極為有益，使我深深地認識到寫東西必須極其謹嚴，不可略有輕率之心。特此致謝。

張士一先生與郝派的關係是如此：張老原係前清秀才，又是一位老留學生，早就在上海南洋公學教英文。以前華東教育部長孟憲承還是他的學生。後來任南京高師範學校教授。現在大約近八十歲（確實年齡我還不清楚）。他在四十歲以前就很重視體育（重衛生，不重競技），他的學拳大約在四十歲後開始的，先從楊澄甫，楊使董英傑直接指導。而董曾先從學於李香遠，因此張老因董而認識李氏。改從李學。李氏性情極怪僻，向從學求索無饜，在南京弄得無人上門。正在此時，有人邀李到太原教拳，李因此離寧。郝月如師初到南京，借寓李處（李係為真先生之弟子）。張老與之相識。李去南京後，張即正式受學於郝師（其實李未去寧時，張已向郝師請教了，不過回避李氏，沒有公開），這是一九三一年的事。

是年暑假前，我亦因張之約，受教於郝師，但我和張先生目的不同，他是以養生保健為主，雖然也要求瞭解一些技擊術，並不以此為重，我則以學技擊為唯一目的。我從郝師兩個多月，學會了郝家太極的套子，全不瞭解其作用，卻主觀地認為這也沒有什麼。不願意繼續學下去了，過了整整一年，張老來找我，鼓動我再到郝師處去。

我很直率地向他說：「我要學的是打法，你可否和我試一下？」張老說：「我不注重這方面，但我確知郝老師技擊功夫極高，你可以直接和他試。」當我隨著張老去見郝師和他較試時，憑了有了一些實打的經驗（這是和杜心五師打出來的），膽子頗壯，可是一舉手就像落到了電網上一樣，再也不好動了。心上正想抽身撤步，只微微一動，身子就側過去，搖搖欲墜。這時郝師把手輕輕一送，如風飄落葉，我就翻倒在大約五尺距離的床上。從此，我才信服他，誠心誠意從郝師學習。因此，我對這位老師兄是十分感激的，要不是他二次來找我，我會當面錯過最好的機會，至今還是個好龍的葉公。

張先生現在仍在南京師大任教授（似乎還兼著一個外文系系主任）。他的郝家太極拳架是很標準的，理論也很高，而且是全面的（養生與技擊）。不過在技擊一面，最重要的還是交手實踐。在這一點上，張先生限於年齡，勢不能作較多的努力了。

郝家太極拳是以技擊為重點的。從武禹襄到李亦畬的著作中，可以證明其理論的核心，是力求輕圓、靈妙，其練法的特點是嚴密、深細。但正唯如此，所以不容易瞭解，反而會使人感到繁瑣。非耐心探索，難於契入（從我本身的事例，學了兩個月不想學下去，也可說明這一點）。拙著《武郝系太極拳》將從理論上加以闡明。至於在強身治病，也是有效的，

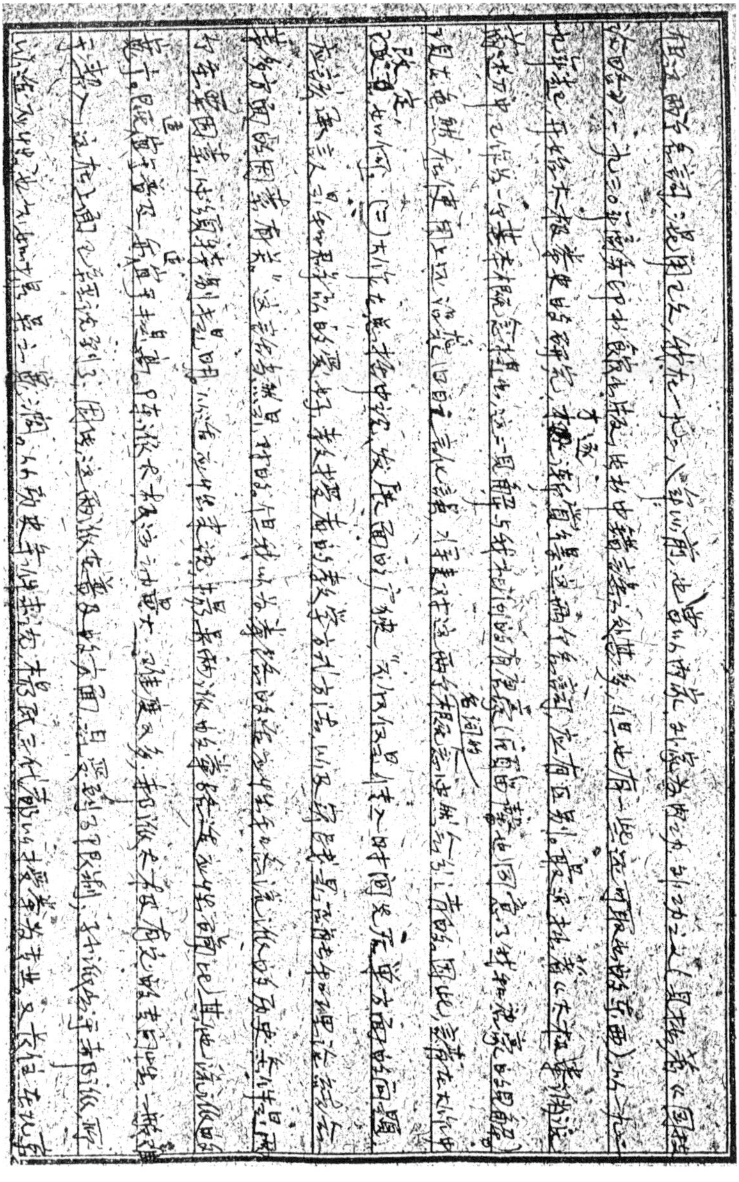

並有不少事實可以證明。

大作《各流派太極拳在上海的發展簡史》，精到翔實，確為一份極可珍貴的資料。所需補充的一段，似可再向趙壽村處探問。又我在三月間得徐致一來函，言將於五月間到上海，可能現已來滬，如先生欲向徐君訪詢此事，我亦可為介紹。另外有鄙見幾點提供參考：

㈠大作中所用「內家拳術」鄙意宜一律改為「內功拳術」，「內家」與「內功」從歷史上看，從其具體內容來看，都是有區別的。「內家拳」實際上只能作為一個拳派的專名，內功拳則是多種拳派的通名。但這兩個名詞，混用已久，我在一九二八年以前，也曾以內家外家為內功外功之義（見拙著《國技論略》，一九三〇年商務印書館出版，此書中錯誤之處甚多，但也有一些還可取出的東西）。從一九二九年起，開始太極拳史的研究，才逐漸覺得這兩個名詞，應有區別。最近拙著《太極拳淵源簡述》中，已作為一個基本概念提出，這一見解與我相同的有唐豪（顧留馨也同意了我和唐豪的見解）。現在雖然在使用上還沿襲舊日之訛誤，將來對這兩個名詞的概念必然會分清的。因此，請在大作中改定如何？

㈡大作在總括中說，發展面的廣狹，「不僅僅是傳入時間先後單方面的問題，應該承認是和群眾的愛好，教授者的教學方式方法，以及實踐是否能和理論結合等多方面的因素有關。」這話當然是對的。但我以為拳路的適應性和各流派的歷史條件是兩個重要因素，必須特別提明。從適應性來說，楊吳兩派的拳路適應性確比其他流派的寬廣，既適宜於普及，亦適宜於提高。陳派太極運動量大，難度又多；郝派太極有它的專門性，一般難於契入，這在上面已經說到了；因此，這兩派在普及的方面，是受到了限制；孫派出於郝派，所以適應性也不如楊、吳之寬闊。從歷史條件來說，楊氏三代都以授拳為專業，又長住在北京，培養了不少專業拳師，也教出了一些知識份子；吳氏也兩代在北京教拳，門徒之廣，僅次於楊。這一歷史影響是起著巨大作用的。孫氏雖亦處北京，以授拳為專業，但從他

及身開始，他的藝業又以形意為主（從《拳意述真》中形意八卦太極所占的分量就可看出）。這在歷史條件上就不如楊吳了。至於陳郝，既局於一隅，而且郝氏的師承，武禹襄、李亦畬又都是當地士紳，除至親好友外，並不廣傳。郝氏父子，都是業餘愛好者，直到晚年才以授拳為業。這些歷史條件，和發展面的廣狹是很有關係的。因此，我以為這兩個因素，可以補充進去。

㈢注21中「吳艾紳字鑑泉（一八七〇—一九四二），河北大興人，年少時愛好摔角術，太極拳從父親全佑學，長大後又從宋書銘研究……」鄙意為更符合於事實，當說吳鑑泉原名艾紳（一八七〇—一九四二），滿族，河北大興籍，後用漢姓（因為滿族改用漢姓多在辛亥革命後，如許禹生在辛亥革命前，只稱龗厚，並未加上漢姓「許」）。又吳鑑泉從學於宋書銘是民國初年之事，其時吳氏年已近五十，而且已是成名之人。如以「長大後又從宋書銘研究」則似很

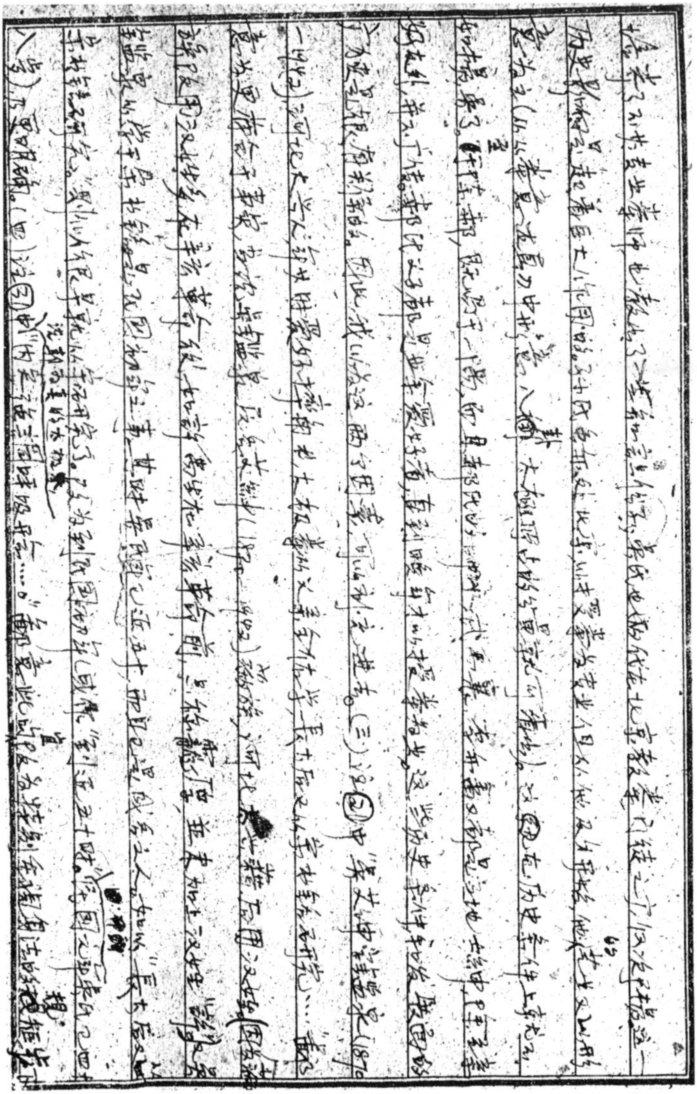

早就從宋研究了。改為到民國初年（或作「到近五十時」）。民國元年吳氏已四十八歲），乃更明確。

㈣注31中說郝為真的太極拳，「內容強調呼吸開合……」鄙意此句宜改為特別重視身法的規矩、步下的虛實和開合動作。這是符合實際的。李亦畬的《五字訣》中雖有「呼吸通靈，周身罔間，吸為合為蓄，呼為開為發，蓋吸則自然提得起，亦拏得人起，呼則自然沉得下，亦放得人出。此是以意運氣，非以力使氣也。」看來似乎極重呼吸與開合的配合。其實這裏所說的呼吸，乃是在外部動作時所產生的內部感覺，並非指鼻孔出入氣的呼吸而言。從它的「自然提得起」，「自然沉得下」及「以意運氣」等語上可以理解其真實內容。這是我親受之於月如師，也是我三十年來親身練郝派太極的經驗中所證實的。我所以要提出這一點，因為恐怕引起誤解，致生流弊。

有些人提倡把鼻孔呼吸之氣與動作相配，還寫了文章發表，有很多人認為離奇，求有速效，照此去做，結果造成病狀。較久以前的不說，就把近來兩件事為例。

一個是去年暑假我在興隆山療養院中，遇見一位姓周的療養員向我說，在練簡化太極拳時覺得頭暈。我叫他操演一套後，告訴他說：你只要不把呼吸去配合動作，也不要使眼睛注視手上，只把眼睛向出手的方向平看，自自然然地練，解除神經的緊張，勿使內、外部彆扭，這一病象就會消失的。他依我的話做，果然好了。

最近甘肅省體委會開辦的太極拳訓練班，有不少人向教師施伯衡問怎樣練氣，施根據我的話「身法拿對，呼吸自調」的原則給他們解釋。有位姓馬的女同志不信，她自作主張，用呼吸去配合動作，結果背上腫了，她才驚慌地再請教施同志，施叫她趕快不再這麼做，果然不久腫就平了。這是施伯衡在上一星期裏告訴我的。

因此我在寫的有關太極拳作品中，往往有反對以呼吸配合動作的論

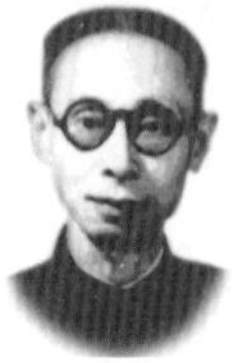

調。最近還寫了一篇短論——《太極拳不宜提倡配合呼吸》。這並不是因噎廢食，乃是本著我的經驗和學理來分析而得出的見解。總括地說，不配合呼吸至少沒有什麼壞處；配合呼吸並無特別好處，而發生流弊的可能性很多。那麼我們練太極拳該何去何從呢？這就是我的論旨。為了免使閱者發生誤解，所以我向先生提出這一建議。

唐豪的《內家拳》我現在沒有了，記得內容也不過匯輯黃宗羲父子及《寧波府志》等涉及內家拳的材料，加以論證，說明其自成一個拳派，與太極拳不是一派。《陳氏世傳太極拳術》我是有的，現尚借出在外，俟收回可以寄奉（或者在我暑假回滬時帶奉）。先生上次來信中說到太極拳家中還有宗派主義，可否把具體材料供給我一些。茲附上拙作《太極拳淵源簡述》一篇，寫得太糊塗了（以上題目是用《太極拳史考》中的原名，這個複寫本與移用於拙著《定式太極拳》的內容沒有區別）。比較清楚的一份被甘肅省體委會取去。懇請對這篇拙作儘量提意見。這封信在上月廿七

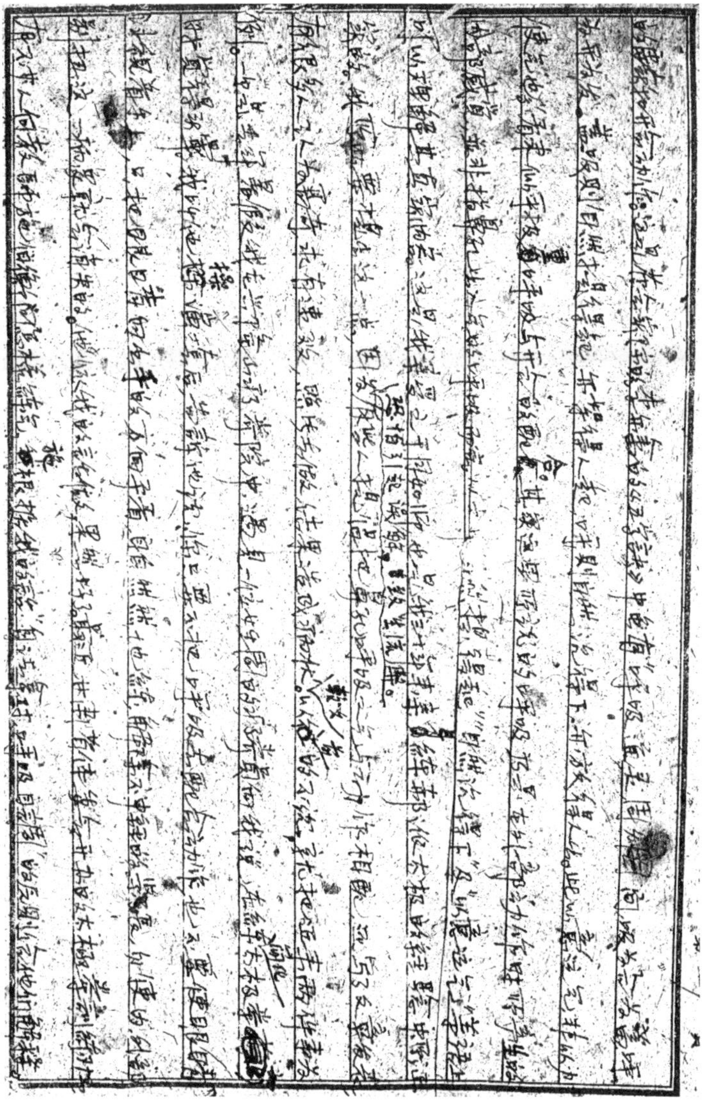

日開始寫的，由於事情不斷，直到本月五日才能寫完，還沒有時間錄出寄奉。直到今天小兒回來，才叫他謄清。因為信太長了，拙作當另行寄奉。

西北民族學院在十五日結束考試，我如果到上海，恐怕要到八月，因為還要準備下學年的功課。

此致

敬禮

徐哲東謹覆

一九六二年七月八日

拙作《太極拳淵源簡述》將並給談士琦同志和孫瑤岩同志一看，將由他們轉上。再談同志所收集的武術書籍極多，唐豪著的《內家拳》和陳子明著的《陳氏世傳太極拳術》他可能都有。如願與之見面，我可以介紹。談孫都曾從我學過拳，現從學於郝少如。

哲又筆

徐哲東致林子清信

子清先生：

前天我遲回一步，沒有和你見面，非常惆悵。我因為正在寫自傳，把許多事情都暫時擱下來了。可是極想和你見面談。你星期日上午有空嗎？我在星期日（三十日）上午九時至九時半約了幾個朋友在紅榴村（在南京西路青海路口，是一個賣茶點的店）相敘，你能來一敘嗎？如果你那天沒空，要在晚間來我處，請先給我一信，約定日期時間，我可在家等待。

今天接到武術聯誼會通知，約我明晚出席商談舉行國慶日武術表演會事。我想在此「百家爭鳴」的方針提出後，武術應當有發揚的希望了。這事也想和你談談。

令夫人出醫院後，身體怎樣？念念。我現在感到要做的工作很多，

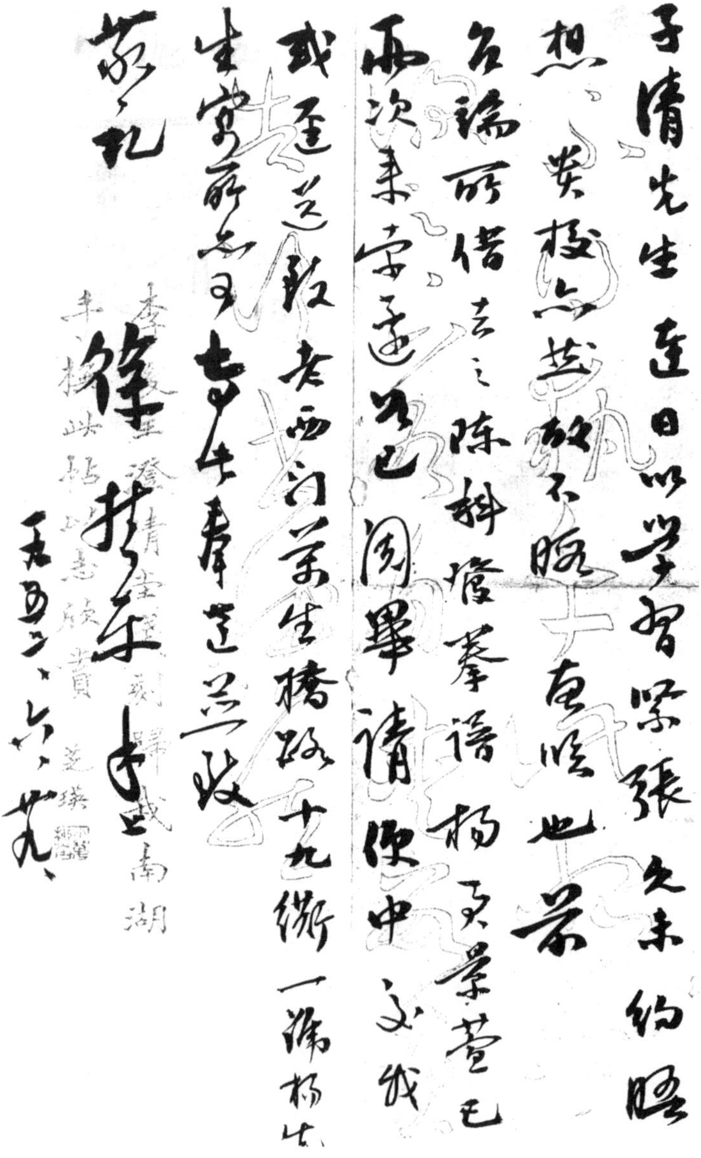

子清先生：连日以学习紧张，久未约晤，想安极为慰。兹故不晓有暇也。茶名论所借去之陈抖擞奉谱杨[illegible]景萱毛两次来函速已阅毕，请便中交我，或径送致老西门蓬莱路十九衖一号杨[illegible]生处为要。又专此奉达，并致

敬礼

堮 拜手

五二、六、廿九

但是條件很是不夠，不免苦悶，正在想爭取主動來解決這一問題。匆此布達，即頌

教祺

徐哲東上

一九五六年九月二十五日

徐哲東致林子清信

子清先生：

自去年八月間來蘭後，因事多未及通意，不知近況如何，至深繫念。

我到民院，去年僅任課兩班，到今年學期開始，領導上要我兼語文系漢文教研組組長。我熟悉的是古典文學，民院的語文系教的是現代文學，在這方面我實在感到知識貧乏，因而備課的時間特別花得多。在今年三月

子清先生：前送上国庆日武术联谊会武术表演入场券两张，以便与令夫人同往。我这次所开到的表演节目为：八极拳、单刀。星期日上午九时半一定到红梅村（在南京西路石门路界东成都路西常德西路国路北半边）。昨得顾[illegible]先生信，亦拟约其到彼相叙。特先奉告，即候

教祺

徐哲东上　一九五六、九、廿七、

星期六晚间不他出，如有暇请惠临

間民革開始整風（我去年參加民革的），同時民院又展開「雙反」運動。到六月間甘肅省舉行全省武術運動會，省體委會邀我任評判長，並要我經常去指導出席全國運動會的武術運動員。八月底又到北京一次，除擔任全國武術運動會評判工作外，並參加制訂武術等級運動員及組織武術協會等事。在京約近一個月，到九月底才回蘭州。這是我近來的情況。

在京和唐范生、顧留馨兩同志都曾作過一些研究，不過大家很忙，也未能暢所欲言。

最近我有一函致談士琦同志，情況說得較詳些，這信也是托談同志轉寄的。他的家住在福州路三九三弄五號樓上，工作地點是楊樹浦路八三〇號自來水廠。你如有時間，可以找他談談。

我的通信處寫蘭州西北民族學院便可收到。匆此布達，即祝

健康！

獨鶴先生請代候

徐哲東手上

一九五八年十一月二十五日

第三部分
詩

太極拳五詠[1]

其一

八法須常守[2]，行功轉換清。
剛從柔裏得，快以慢中成。
閃戰基腰運，騰挪賴步輕。
莫憑能苦練，理解貴分明。

其二

三環連九折，節節盡關通。

開合長蛇勢，盤旋舞鶴容。
懸衡由一線，馭氣屬雙瞳。
綿裏藏針候，剛柔處處融。

其三

意態融和極，全身點點靈。
晴江輕浪舞，碧落片雲停。
滴溜聯珠轉❸，渾圓一氣成。
神完心若鏡，爐火看純青❹。

其四

握有玄珠在，神同霽月明。
餐和基體泰，延壽見身輕。

氣貫三田撤，心強六府清。
還能增德慧，何用索黃庭❺。

其五

探賾尋原理，來從辯證求。
欲明山右論，應闢遠橋流。
蔣發功難沒，陳宗績自稠。
存真宏妙用，馭駿駕新輈。

吳文瀚校注

❶《太極拳五詠》係徐震先生一九六三年五月三十日抄贈上海金仁霖先生。一九九五年二月二十一日金先生復印一件贈我。又徐先生的學生馬國瑤先生曾寄我《太極拳歌四首並序注》，為徐氏一九六五年五月改寫之作。因原文較長，今選用徐氏一九六三年舊作，而校之以一九六五年馬國瑤先生手抄件。

❷「八法」謂提頂、收臀等，非謂掤擺等（徐震原注）。
❸馬抄本此句為「應變聯珠發」。
❹馬抄本此句為「爐火貴純青」。
❺馬抄本「其四」為「環中掌規律，實戰索其由。蔣發功難沒，王庭藝未留。欲明宗岳論，先闢遠橋流。掃盡神奇說，新知日以修。」

以上五詠，前三首作於一九六一年八月七日，僅言技擊之要，未概舉其全體。今年五月春假期間，補作兩首，其四闡養生之理，及有裨於進德修業之義。其五辯唯物唯心之歧，明師承所自，所見頗有異於時流者。凡學術研究，當實事求是，乃可弘揚妙用，採舊傳之英華，闢無窮之新徑也。

特錄呈
仁霖先生察正
一九六三年五月二十八日
徐震並記

詠太極拳三首

八法須常守行工轉換清剛從柔裏得快以慢中成閃
戰基腰運騰挪賴步輕莫憑能苦練理解貴分明
三彎連九曲節節盡關通開合長蛇勢盤旋舞鶴容懸
衡由一線馭氣屬雙瞳綿裏藏針候剛柔處處融
意態融和極全身點點靈動猶遊水溜靜比片雲停錯
落聯珠轉渾圓一氣成神完心若鏡爐火看純青

一九六一年八月二十一日徐震書于蘭州時年六十有五

常州羊牧之輯錄的徐震詩

雪後出遊

極目郊原雪，行行未覺賒。
幽人何處是，消息問梅花。

泛舟西湖一首

清曉發微風，輕舟湖中行。
回山耀頳翠，浩渺水湛明。
揚棹漪漣碧，波動眾鳧鷺。
菼葭[1]呈秀媚，桑柘夾堤青。

徐震堮文集

妙趣隨景遇，　意象泑空靈。

雖非滄浪水，　願以濯吾纓。

大雪出武進東郊，同遊者聞　春柟、莊靜—

森森瓊樹列，飄飄飛花冷。城闉[2]挺連甓，石礫橫長墩[3]。

皓潔被峻宇，寂寥瞰小艇。撐空孤塔高，連天寒流永。疑遊黃石

丘，如鷺[4]羽琜[5]嶺。遙企扳頹垣，微步躡平町。逶迤磴道斜，

弘深天寧敞[1]。剝復古木多，殿周回廊廣。枯桐集玄雅，青松復

翠幌。據鼎手欲龜[2]，履石足如瘊[6]。誦經僧縮瑟，攝影客閒靜

[3]。杈丫梅未花，搖曳竹方梃[7]。茅屋小院幽，荒亭土岡竮[8]。纇

面舀清池，烹茶汲丹井。瀟斸[10]晚色道，招攜歸途迥。茲遊信為

樂，況乃良朋並。豪飲爭醇醴，大噉攫肥朧。嘲謔肆諧笑，飛辯

浪馳騁。餚盡顏已酡，酒酣寒亦煖[11]。長揖各分手，星宿光耿耿。

原注

❶菼葭：音坦家，初生之荻。
❷闉：音ㄧㄣ。《說文》：「城內重門也。」
❸璥：音ㄐㄧㄥˋ。《文》：「玉名也。」
❹騭：音ㄓˋ。乘馬登高。
❺琌：即陵字。《穆天子傳》：「勒七萃之士，於羽琌之上。」
(1)天寧寺。
(2)庭中有大鐵鼎。
(3)春梆擅攝影術。
❻痙：音ㄐㄧㄥˋ。僵直。
❼侹：音ㄊㄧㄥ。長貌。
❽竫：音ㄐㄧㄥˋ。靜也。
❾頮：音ㄏㄨㄟˋ。洗臉。
❿霴䨴：音ㄉㄞˋ ㄉㄨㄟˋ。云密集貌。
⓫婎：音ㄕㄥˇ，減少也。

虎丘觀梅，口占一絕

劍池冷落山塘寂，地下吳王亦抱愁。一自梅花飛畫閣，年年春色到荒邱。

登蘇州北寺塔

恍若凌雲際，環行瞰四方。一帆揚遠影，萬樹送春光。不覺山川老，徒憐日月忙。還思象教力，歸德有空王。

革命軍

從軍從軍去革命，少年血性由來盛。非為功名有可圖，不忍攙槍氣日倞[12]。奮身前驅心所甘，效死豈迫將軍令。夜探敵營取其酋，庶幾一鼓遂能定。星疏月淡光依稀，瞻望前途野火映。敵營白刃眾如雪，交飛彤珠血肉迸。輷然[13]飲彈撲地時，口呼殺賊聲猶勁。

[12] 倞：同勁。強也。

[13] 輷然：同轟，象聲。《史記・蘇秦列傳》：「輷輷殷殷，若有三軍之眾。」

感賦

極目西陵夕照明，秋風吹起柳條輕。閑來城闕登臨處，一片江南鼙鼓聲。

石頭城

石頭城下大江流，浪去潮來兀未休。地處東南招殺氣，山連吳越比蟠虯[14]。閑評前代興亡事，忖度當年密勿[15]謀。始信孫劉終

結好，英雄識見古今侔。

⑭蟠虬：音ㄆㄢˊ ㄑㄧㄡˊ，盤曲如龍之意。

⑮密勿：機密之意。《三國志・魏志・杜恕傳》：「與聞政事密勿大臣，寧有懇懇憂此者乎。」

論文示及門諸子

文章刻意便難真，天趣還因自在陳。搖筆即來無他巧，養成奇氣合精神。

病中雜感四首

在昔逞強梁，攝身非所知。有疾不肯治，憊精日外馳。遂令益以劇，患苦難自持。醫藥雖云良，二旬忽逮茲。俯仰斗室內，臥起無定時，顧此疲苶[16]身，噭噭良自嗤。

獨寤正中宵，披衣待明發。爛爛曙天星，冏冏照院月。靈境沏秋空，襟懷自遼闊。平生多憂患，感物常鬱勃。豈知靜中味，乃由病中達。願守老氏雌，暫使壯心歇。

幽居觀大運，慘黷何時已。茫茫宇宙間，洪波激正起。智巧蕩精神，機阱競相似。由來強吞弱，無分彼與此。同隨大化流，而不共憂喜。既殊得失情，誰能一臧否[17]？

舉世共擾擾，胡為不自寧。始信莊叟言，歎息悲勞生。眾人競衣食，智者惜浮名。所願雖殊途，趨營無異情。仁者懷泛愛，勇者剗不平。徒傾彌縫力，汲汲竟何成。

[16] 苶：音ㄋㄧㄝˊ，疲倦貌。

[17] 臧否：音臟痞。褒貶，批評。

僅三日院中即以傳授武術見屬山川鼓其逸興講習增
其新知幽居半月弛張兩得情思所居固不止于挹勝
領秀也爰述所懷詩以志之一九六一年八月十三日

愛日不愛閑入山異隱淪珍此雙屐期頤養為龍伸聿來
幽居地即事盡清新扶宮雙巖秀環周翠巒陳淵澗賞
飛瀑睇嶂美曾昀方當炎夏候冷然變秋辰優老感
明時涉想暢形神如何酬嘉惠聊為說劍人

成詩後九日書 徐震哲東

處世

誰言處世難，仕途今最寬。峨峨列署內，濟濟多高官，何必計賢能，但須有親友。只緣勤依附，不在勤職守。今朝乘大車，明日飲美酒。六博達昏旦，名姝侍前後。所費豈不侈，又復有餘財。渠渠建夏屋，絳絳築高臺。嗤爾安分人，餓死在塵埃。

放歌五首

大千如夢幻，萬劫古復新。放眼籠天地，窮達安足論。奈何多所懷，徒自感悲辛。豈無衣與食，哀樂不為身。慷慨效詞客，高歌且自申。不同杜工部，出語思驚人。

出世非慕高，入世非自營。塵垢陶堯舜，恥共英雄爭。萬事皆偶爾，成敗會所丁。介推賤貪天，毋乃識其情，丈夫思濟物，

功名固已輕。利澤茍不施，羞擅千載名。

欣來有時笑，戚至每悲呻。欣戚亦隨緣，時過皆為賓。偉哉觀天運，來往成屈伸。銷盡萬古骨，還顯無窮春。徒言超世網，百骸豈能神。願將至誠意，乘化蕩無垠。

兀兀無文字，勞勞寫所懷。即此成纏縛，何事說安排？平生無虛言，至情不可摧。誰謂纏縛苦，寸心無塵埃。

嚴霜被大宇，景色入凋殘。悲哉群動意，及暮各淒酸。枯枝無留煥，鳴鳥失餘歡。路邊短褐人，零涕正汍瀾⑱。我願逐羲和，攬轡使來還。六龍齊返駕，一慰萬方寒。

⑱ 汍：音ㄨㄢˊ。汍瀾流淚貌。

棲雲山居詩 并序

棲雲山在榆中縣南十五里其東曰興隆山兩山相去約三百步中隔澗流登高眺望列峯拱峙有若翠環山不甚高而葱鬱殊尤密林茂樾直幹挺立以松柏楊樹居多談者稱為隴右第一勝境建國以來設有甘肅省工人第一療養院于此院在澗西棲雲山麓而羣皆號為興隆山療養院予來蘭州聞道多矣今年夏日承所在機構党政領導關懷遂得來此休憩到

贈呂誠之

風規獨得承平趣，鄴架紛紛秘笈多。客座時逢高興發，倚筵乘醉寫清歌。

簡莊鏡人

春暉在念怯危邦，佇望游鱗溯大江。為說曹邱終有濟，頻聞哀雁隔寒窗。

結客

雄風發草澤，振翮起奇英。不逢赤帝子，陋巷終陳平。淮陰依漂母，曾為世所輕。呂望方鼓刀，諸葛正躬耕。豈意成開濟，流耀垂千齡。異才有淪跡，遇合非所程。我生不慕勢，搜索愛幽貞。剖玉識和璧，拂劍知青萍。推心在傾蓋，給納由中誠。常笑魏公子，執轡奉侯嬴⑲。

小屋

小屋人常滿，藜羹款眾賓。猶能珍駿足，不解附龍鱗。紫電時堪舞，玄文草正新。兒童酬對熟，客至奉茶頻。

⑲侯嬴：戰國魏人，大梁守門小吏，後信陵君迎為上客。曾獻計信陵君竊兵符，並荐朱亥擊殺晉鄙，奪取兵權，因而勝秦救趙。

第四部分

回憶錄

憶徐師

戲劇家吳仞之先生與徐師同鄉，早年即參加愛國劇運，是上海戲劇學院前院長。一九三一年與徐師同師武（郝）式太極拳家郝月如，與張士一、郝少如等交往甚密。

吳仞之先生
（1902－1995）
90歲時攝

余與子清先生，拳友也。相與師事哲東。哲師擅古文。習武不拘派系，能融各派系之精粹於一身。子清曾為之傳，傳中亦多有記載。哲師之習武，與其憤世嫉俗攸關。觀其一九五四年所題舞劍照片中詩，可見其志。傳中亦有記載。詩曰：「奮舞強身劍，歡呼解放晨。競趨新建設。同樂太平春。」余等共尊之。

余曾步韻以和之，曰：「志士胡為舞，雞鳴已報晨。此情猶共憶，忽忽卅餘春。」相與話舊，感慨無已。錄存留念，永志勿忘也！

仞之書於滬濱
時年八十又八
一九九〇年七月二十四日

追念哲東師

常州徐哲東震先生，為予初入高校時業師。一九三三年秋，予就讀前中央大學中國語言文學系，「基本國文」為本系一年級生必修課目，週三課時，由徐師教授。教材出師自選，主要為歷代散文名篇，兼及駢體。

師學養深厚，教態謹嚴從容，講析精詳；每三週命題作文一次，批改亦認真細密。一年之間，受益良多，同學六人，一口頌仰。惜暑後師即移帳他校，未能再親教譯。

同年並選讀蘄春黃季剛侃先生「小學綱要」、蘇州吳瞿安梅先生「詞學通論」等課，系主任則由文學院長蘇州汪旭初東先生兼任（後曾選修所開「蘇辛詞」）。黃汪兩師皆太炎先生弟子，聞徐師亦出章門。師時年三十五六，在全系開課教師中年事最輕。近偶讀《武魂》雜誌（總一八〇期）所載師遺作《太極拳簡說》一文，中附刊師一九五七年小影，容顏風神，與親承謦咳時固無大改，如獲重覿，不禁泫然，頃又得讀友人林子清先生所貽師《國技論略》一冊，與前所讀文皆見取材豐富，辨析精審，論斷折中，時見卓識，可略窺師於此研探之深，用力之勤。受業當時，于師之兼長武學，深究武技拳術，且擅武式太極，早歲已多所論述，積稿盈帙，固一無所聞。遺著在手，承教無從，抱恨何極！

曹融南

二〇〇五年二月二十五日

曹先生（一九一五—）係上海師範大學人文學院中國文學系古典文學教授。

懷念徐哲東先生

徐震，字哲東，生於一八九八年一月，卒於一九六七年十月，江蘇常州人。國學大家章太炎先生之弟子。新中國成立前歷任滬光大學、中央大學、武漢大學、安徽大學、震旦大學教授，上海常州旅滬中學校長等職。除國學外尤擅武術。

中年曾在常州創辦常州國術館，並從於振聲、馬錦標學查拳，從周秀

峰學形意拳，從杜心武學自然門技法，從楊少侯學太極拳。一九三一年經張士一先生引薦跟隨郝月如先生學習武派太極拳。此後放棄以前所學武技，專心致志於武派太極拳之研究。其成就最大是在武術史及武術理論研究方面，尤其是在太極拳史領域研究成果獨多，成為我國早期著名太極拳史論研究之先驅。著作有《國技論略》、《萇氏武技書》、《太極拳考信錄》、《太極拳譜理董辨偽合編》（解放前版）。未出版之遺著有《太極拳源流》、《太極拳譜合抄》、《太極拳發微》（臺灣曾出版）、《太極拳新論》等。

先生因係大學教授不以教拳為主，從學者多數是同窗親友，或同事子弟，人們都尊稱他為「哲師」（以下簡稱哲師）。一九三四年哲師由鄂北返里，我從學太極拳並兼習形意拳。常州弟子中以卞人傑、徐翔雲、程烈夫等人技藝為精，能傳其技。

一九三四年—一九三六年，哲師為了振興國術，推動常州學習太極拳的熱潮，在國術館舉辦了一次大型「武術觀摩表演會」，到會人數逾千人，當地武術名家、社會名流、報社記者濟濟一堂，盛況空前。各路名家的精彩表演令人目不暇接。尤其是哲師表演的「太極雙劍」剛柔相濟，輕靈穩健，神氣內斂，舞姿快速時，只見雙劍銀光閃閃，幾乎不見了人影。此時正值少如老師從上海到常州小遊，他乘興也參加了這次盛會並表演了「太極拳散打」，令人叫絕。當四人圍攻他時，不僅四人無法近其身邊，他運用「四兩撥千斤」的技巧將主攻者擊出丈遠之外。此即「得機得勢，引勁落空，力從人借，氣由脊發」是也。但非高層次功夫，不能勝任。

從此，常州各界掀起了學習武（郝）派太極拳的熱潮，國術館社員激增。尤其是常地中小學校，紛紛來社要求派員到學校教習武（郝）派太極拳，以代替學生的體育課。當時，我也應聘（義務）赴武進「育才小學」及「正衡中學」（母校）任教武（郝）派太極拳。我對青少年學生學習太極拳的興趣，略有領悟。筆者認為哲師在常州提倡太極拳走向學校，完全

是繼承郝月如宗師的遺志（一九三五年十二月，月如先生不幸病逝）。

哲師師承祖師為真公和郝月如宗師所傳武（郝）派太極拳在河北永年以及上海、南京、常州、蘇州等地大力推廣向學校青少年進軍的無私貢獻，其成就是不小的。弟子們應當繼承其遺志，努力學習，才不辜負恩師對我們的培養和期望。

一九五七年，哲東先生響應祖國號召支持大西北，赴蘭州任教西北民族學院中文系兼任甘肅省武術協會主席，為在我國西北地方推廣武術、太極拳，傾注了滿腔熱情。他晚年編寫、整理、校注的武術書籍和文稿，在「文化大革命」中大都散失，非常可惜。先生一九六七年逝世，享年七十歲。

先生平易近人，謙虛真誠，對弟子教習毫不保留，常以太極拳練意、練氣、練體三者結合的拳理來教導弟子，細心觀察，隨時提出指點意見；並講述先賢提出的「行、立、坐臥，皆是太極之理」來解說拳藝的內涵。

因此弟子們在走架時無不注意太極身法，精神貫注，氣勢騰挪，拳藝進步較快，受益匪淺。六十年過去了，追思往事，仍然歷歷在目。

難忘的情誼

——和徐哲東先生、唐豪先生相處的日子

鄭正之

我一九二一年生。念小學時喜歡看《水滸》、《三國演義》、《說岳全傳》，念初中時喜歡看《江湖奇俠傳》、《七俠五義》、《宏碧緣》、《俠隱記》（即《三個火槍手》），還看了金一明的《中國技擊精華》、《練功秘訣》，萬有文庫本的《潭腿》、《達摩劍》，吳圖南的《科學化的國術太極拳》等，念高中時喜歡看《射擊教範》。新中國成立後立志鍛

徐哲東先生與林子清合影
（1954年攝）

鍊身體。除練勞衛製的幾個項目外，還練擴胸彈簧、啞鈴、槓鈴等。

一九五一年九月八日我從上海財經學院來到蘇州，在華東革大政治研究院學習，有幸與文武兼通的徐哲東先生相識，多年來學武的夢想得以實現。九月十四日起徐師傳授二路查刀，費時八天學完。徐師說，練器械本應先練拳，但為了照顧學習者的興趣，先練器械也未嘗不可。

十月八日中午看徐師的《形意講習錄》手稿。十月十日開始，每日早晨於練單刀之後練形意拳的基本姿勢（三體勢），每足各做五次，費時約一刻鐘。徐師說，練此姿勢時不可挺胸，不可把臀部突出。腹部凸出，而腰部卻不可凹進。十月十三日與徐師推手，一刻鐘後即覺左肩關節酸軟。徐師說，所謂外功拳僅能練大肌肉，而內功拳之力量則無微不入，內外功的區別就在於此。十月二十九日徐師開始傳授劈拳。

十一月初徐師看我打形意拳，發覺我腰部凹進，便叫我練簡式太極（簡化的楊派太極拳）。此後我早上練單刀、形意拳，傍晚學簡式太極。經徐師多次指點，二路查刀的全部動作到十一月中可說相當清楚了。十一月十九日簡式太極學完，二十日徐師傳授單刀對槍。徐師說，郝派太極發勁敏脆，有形意的意味。它虛實分明，用法也分明；不過初練時如不注意，上身便不易鬆動，楊派太極則無此種顧慮，所以須取長補短。十一月二十七日徐師將單刀對槍教完，三十日徐師看我打簡式太極，說我的腰部已挺直。十二月十二日學擰槍法。十二月十七日徐師傳授十三槍，二十二

日授完。

一九五二年一月四日徐師說，功夫深的人練太極，丹田的呼吸可以使指尖感到跳動。一月十二日我與徐師一同乘火車離開蘇州，回到上海。一月十八日徐師開始教純陽劍。一月二十三日徐師教了幾個郝派太極的動作。一月三十一日他拿《太極拳考信錄》給我看。後來又拿出陳家溝的太極拳譜給我看，力辟其中的玄虛。

二月四日在大光明電影院附近的一個小動物園裏看金錢豹在鐵籠內循環走動的姿勢，使我聯想到太極拳裏的「周身節節貫串」。傍晚把純陽劍學完。二月十八日徐師教我打郝派太極。四月二十日徐師摸我肩窩，說已脫開一半。

五月四日徐師說，掤、按只有一個動作，攌可演變成採、挒，擠則可演變成肘、靠。進、退、顧、盼在活步推手中最明顯，定則表現於任何式樣的推手中。五月二十五日徐師教我活步推手。他翻出唐豪先生的一篇舊作，其中好幾處引用了徐師的話。

六月一日借閱徐師的《太極拳譜匯鈔》原稿。徐師說自己的科學知識不夠，不欲輕易發表論著。

九月一日上海財經學院遷到歐陽路光華大學原址。九月十日的筆記說，近一個月來練拳時手掌已略有血液貫注的感覺。右肩關節容易發出響聲。九月十一日徐師說日前曾與姜俠魂訪問農勁蓀，農先生年已九十三歲。徐師教我走圈，說它是郝派太極的精華，也是自然拳的要訣，叫我要練這功夫。九月十四日晨徐師傳授郝派太極的幾個基本動作，隨即訪問農勁蓀先生。十五日晨練郝派基本動作時感到勁貫兩掌。九月十七日徐師叫我參加武術聯誼會。九月二十一日晨徐師把《太極拳考信錄》和《太極拳源流記》鈔本借給我看，還送了我一本《少林棍法闡宗》。上午會見姜俠魂和吳嶧暉，吳先生已六十六歲。九月二十七日徐師說我已有練低架子的條件了。

十月十三日徐師說將來把郝派太極的功夫傳給我。他又告訴我，雙刀是一九二〇年左右何玉山老先生傳授的。那時何老先生已七十歲，功夫極好。日內徐師將搬到崑山路來住。十月十七日下午往崑山路看徐師。十月二十一日晚開始學雙刀。十月三十日晚到五馬路把定製的竹刀拿回來。十一月五日約好星期日幫徐師搬家。

十一月六日雙刀學完。徐師說，雙刀練得像個樣子，起碼要兩三個月。十一月七日徐師說我右肩關節確已脫開，左肩關節脫開的程度較差。

十二月十三日徐師說，楊派太極能使肢體空鬆，郝派太極則能使步下穩實、內勁充沛。十二月十八日徐師說，楊派太極適於將肢體練鬆，郝派太極則適於練發勁。十九日晚徐師說，他的教授法是先練楊派以鬆筋骨，再授郝派以實內勁，最後則授杜心武的走圈及其他拳術中的妙著，再加上表演用的功夫，便成一個完整的體系。把這些武功練熟後再根據各人條件從事進一步的研究。他又說以前花了不少時間練表演功夫，碰到郝老師後才學到了真訣。十二月二十一日晚與徐師推手時發現他的手臂在大圈當中畫小圈（即以上臂骨及下臂骨為中心旋轉），徐師說這是他把杜心武的手法應用在推手裏面。

一九五三年一月徐師指出我打拳時身子忽高忽低。叫我不管打拳或推手時都要注意斂脇（即護肫）。一月三日向徐師借《太極拳譜彙編》來看，他把王宗岳的《太極拳論》約略解釋了一遍。四日在第二十五期的《新體育》上看到一篇關於巴甫洛夫的學術在體育上的運用的文章。還有一幅馬錦標使大刀的照片，旁邊注了「回族農民」、「七十八歲」等字樣。一月十七日晚把郝派太極最後幾個動作學會了。前後共花了一個半月的時間。徐師教我，用手掌將對方推出時不應平推，應向上或向下斜推。

二月二日遷居祥德路宿舍。二月二十三日的筆記說，王宗岳的《太極拳論》已能背誦。二月二十二日晨與徐師一同到慈淑大樓精武體育會去參加上海武術界聯誼會的會員大會。徐師介紹我和徐致一、葉良等先生認

識，接著由徐師和葉先生介紹我加入武聯。二月二十七日，是偉大的蘇聯科學家伊凡・巴甫洛夫的紀念日。看《巴甫洛夫學說及其應用》，得到不少啟發。其中的「隨意運動是什麼？」、「自主是什麼？」、「皮質內臟相關」等節肯定了大腦皮質的活動能影響內臟及內分泌，給太極拳的科學解釋提供了有力的理論根據。

三月二十四日攜來徐師的《國技論略》。三月二十九日在徐師家裏看《太極拳發微》和《太極拳新論》的手稿。

四月十九日中午在上海第二醫學院參加武術表演賽。二十三日上午看到郭希汾編《中國體育史》。二十四日夜徐師說李景林之劍有動無定，而劍術則應動定相濟，動時疾如閃電，靜時穩若泰山；而動靜之間又須連貫一氣，勁斷意不斷，此其所以為難。四月三十日向圖書館借到了陳炎林的《太極拳刀劍杆散手合編》。

五月三日晚把《太極拳發微》關於《十三勢歌》的解釋再看了一遍

（《發微》恐為《太極拳譜箋》）。五月二十四日下午買了《巴甫洛夫高級神經活動學說》。

一九五四年二月十日在徐師家裏看到唐豪先生的《少林武當源流考》。十月四日向徐師借閱《太極拳譜理董辨偽合編》。十一月二十一日徐師說《彈腿》已快編好，當晚在唐豪先生家裏晚餐，彼此談得很投機。我向徐師借來田作霖老師的《通臂拳譜》，並看他使了一趟「十三刀」（他最近向郝月如老師之子郝少如先生學來的）。十一月二十八日下午與徐師一道訪唐豪先生，暢談二小時餘。

唐先生家住山陰路，離歐陽路（上海財經學院所在地）很近，我時常去看他，向他學習劈刺，聽他談太極拳的歷史。他說劈刺有十多個基本動作，是他和朱國福研究出來的。他把這些動作傳授給我，我大約花了一個星期的時間就把這些動作學會了。

待唐師母把護手（棉手套裏襯藤條）做好後，我就和他練習攻防動

作。他手執竹竿向我劈來，我戴上防護手套，手執竹竿格開它。他劈了好幾下，沒有劈中我的手腕。最後他做一個假動作，隨即劈中了我的手腕。這時顧留馨先生在旁觀看。

唐先生向我介紹說，顧先生擅長劈刺，過去是他練劈刺的對手。顧先生那時四十七歲，人非常和氣，此後我就和顧先生來往了。唐先生拿出一本精裝的英文版《歐洲劍術》，叫我幫他譯成中文。他叫我看戚繼光的《紀效新書》，並送了一套《國術四書》給我。

有一次他約攔手拳師傅采軒先生到他家裏來。徐哲東先生和顧留馨先生也應邀前來。傅先生表演了一套攔手拳，身法靈活，手法剛柔相濟，動作很快，使人感到有拳風。顧先生叫我和傅老師練推手。我用從田作霖老師那裏學來的圈攔手圈傅老師的右臂，傅老師縮胸抽臂，用臂打擊我的後腦。他說推手當中有八卦。

一九五五年一月下旬唐先生從華東政法委員會調到國家體委，研究中國體育史。一九五七年八月徐哲東先生從上海停辦高校聯合辦事處調到蘭州西北民族學院教漢語。我與徐先生相處六年，交誼甚篤。與唐先生相處僅兩月，但他給予我的印象永世不忘。每每憶起兩位先生的言行風範，不禁感慨萬千。

林子清

子清先生：

前天我逢回一晤，没有和你见面，非常惆怅。我因为正在写自传，把许多事情都暂时搁下来了。可是极想和你见面谈。你星期日上午有空吗？我在星期日（卅日）上午九时至九时半约了几个朋友在红梅村（在南京西路青海路口，是一个素菜馆的店）相叙，你能到来一叙吗？如果你那天没空，则只要在晚间来我处，请先给我一信，约定日期时间，我可在家等待。今天接到武术联谊会通知，约我明晚出席商谈筹办国庆日武术表演会事。我想在"百家争鸣"的方针提出后，武术家都有发挥的希望了。这事也想和你谈谈。令夫人出医院，身体怎样，念念。我现在感到要做的工作很多，但是条件很是不够，不免感到苦闷，正在想争取主动来解决这一问题。匆此布达，即颂

教祺

徐哲东上

一九五六、九、廿五、

後記

本輯包括徐師的傳記、照片、手跡、文章、書信、詩和回憶錄。由於徐師的長女徐雲上患病，給搜集徐師遺文的工作帶來了困難，幸虧徐師的摯友張士一先生的外孫邵沙陵把徐師兒子徐英翔、兒媳董季芳的位址和電話告訴我，我很快就和家住常州的英翔夫婦聯繫上了。他們熱情地向我提供了雲上寫的徐師傳和徐師含淚撰寫的《故室吳夫人哀辭》、《亡妻吳氏墓誌》、《吳夫人墓碣》。雲上寫的傳記全面介紹了徐師的學歷、經歷，他的古典文學和考據學著作，以及他在武術方面的成就和著作。徐師的《哀辭》更是感情真摯，催人淚下。

一九三九年徐師任教於武漢大學，至四川樂山，居城中一年，為避寇機飛襲，徙居於西郊達三年之久，生活極艱苦。夫人操持家務，早起晚

睡。後復徙城中。因遷居時搬重物，以致咯血。此後仍操勞如故，數月後竟累死。正因為夫人包攬了家務，徐師才能專心教學和著述。《太極拳譜箋》、《太極拳發微》、《太極拳新論》就是在這一時期寫成的。

英翔夫婦還寄來了兩張徐家的照片：一張是全家福，一九三八年攝於重慶；另一張是徐師母（吳承吉）的二寸半身照，端莊靜穆，一看就使人感到她是位意志堅強、刻苦耐勞而又有文化修養的人。

徐師的摯友張士一先生當時住在重慶，與徐師有書信往返。張先生是清末秀才，一九〇七年在上海南洋公學畢業後在母校教英文七年，又在高等師範學堂教英文。二年後由該校選送美國哥倫比亞大學師範學院進修，三年後回國。歷任各大學英文系、教育系教授，在當時是英語語音學和英語教學法的典範。他熱心體育事業，積極參加國語統一運動。他在太極拳方面的造詣很深，師事郝月如老師的時間比徐師長。

徐師的另一摯友吳仞之先生早年即參加愛國劇運，長期從事戲劇教學和戲劇電影的導演創作與理論研究，擅寫舊體詩詞。他是戲劇方面的高級專家，著述甚富，長期擔任上海戲劇學院院長。他也是郝月如老師的弟子，與張士一先生和徐師交往甚密。他尊稱郝月如為老先生，郝少如為少先生。他在我的紀念冊上題寫的關於徐師的回憶，字數雖不多，但感情真摯。

英翔夫婦最後寄來了徐雲上撰寫的《父親徐哲東生平事略》，長達一萬字，詳細介紹了徐師學文習武、傳藝育人的事蹟，有助於讀者瞭解這位文武兼通、德藝雙馨的武術史家、武術理論家和教育家，為本輯增色。

林子清

二〇〇五年八月二十九日於上海

國家圖書館出版品預行編目資料

徐震佚文集／徐震著
——初版，——臺北市，大展，2012〔民101.03〕
面；21公分，——（徐震文叢；1）
ISBN 978-957-468-861-6（平裝）
1.武術　2.文集　3.中國
528.9707　　101000300

徐震佚文集

著　　者／徐　　震
責任編輯／王　躍　平
發 行 人／蔡　森　明
出 版 者／大展出版社有限公司
社　　址／台北市北投區（石牌）致遠一路2段12巷1號
電　　話／(02) 28236031・28236033・28233123
傳　　真／(02) 28272069
郵政劃撥／01669551
網　　址／www.dah-jaan.com.tw
E-mail／service@dah-jaan.com.tw
登 記 證／局版臺業字第2171號
承 印 者／傳興印刷有限公司
裝　　訂／建鑫裝訂有限公司
排 版 者／千兵企業有限公司
授 權 者／山西科學技術出版社
初版1刷／2012年（民101年）3月

定　價／220元

大展好書　好書大展
品嘗好書　冠群可期

大展好書　好書大展
品嘗好書　冠群可期